Doppel-Klick 9

Das Arbeitsheft A

Herausgegeben von
Werner Roose und Renate Krull

Erarbeitet von
Heliane Becker, Michaela Greisbach,
August-Bernhard Jacobs,
Renate Krull, Ekhard Ninnemann,
Werner Roose, Britta Wurst

INHALT

ARBEITSTECHNIK

Der Textknacker
- Einen Sachtext lesen und verstehen 4
- Den Textknacker üben 10

TRAINING SCHREIBEN

Einen Sachtext zu einer Grafik verfassen
- Erdöl im Wüstenstaat Saudi-Arabien 12

Informationen zu Texten verarbeiten
- Ein Bericht für die Vereinszeitung 15

Stellungnahme zu einem Sachtext
- Ölpest an der spanischen Küste 18

Ein Ergebnisprotokoll schreiben
- Die erste SV-Sitzung nach den Ferien 22

Adressatenbezogenes Schreiben
- Über das Praktikum berichten 26
- Der Praktikumsbericht 28

Formulare ausfüllen
- Die Schrift: deutliche Großbuchstaben 30
- Das Kleingedruckte verstehen 32
- Formulare am PC ausfüllen 33

Stellenanzeigen erschließen
- Ausbildungsplätze frei! 36

Zugänge zum Gedicht
- Ein Gedicht lesen und verstehen 38
- Zu einem Gedicht schreiben 41

TRAINING RECHTSCHREIBEN

Doppelkonsonanten
- Wasserleitungen aus Gusseisen 42

das und dass
- In der Kraftfahrzeug-Werkstatt 44

Großschreibung der höflichen Anrede
- Dieser Brief ist für Sie! 46

Groß- und Kleinschreibung
- Ein Praktikum in der Tierklinik 47

Zeitangaben
    Kommst du heute Morgen oder morgen Mittag? **50**

Getrenntschreibung/Zusammenschreibung
    Tipps für die Getrenntschreibung **52**
    Tipps für die Zusammenschreibung **53**
    Weitere Übungen zur Getrenntschreibung **54**
    Zusammengesetzte Nomen **55**

Fehleranalyse
    Der Partnertest **56**

Eigendiktate
    Mit Texten trainieren **60**

Abkürzungen verstehen
    Abkürzungen in Kleinanzeigen **62**

Berufsbezogener Wortschatz
    Fachwörter verstehen – Fachwörter üben **64**

TRAINING GRAMMATIK

Wortfamilien
    Die Wortverwandtschaften **68**

Das Passiv erkennen und verwenden
    Passivformen erkennen **70**
    Passivformen verwenden **71**

Der Konjunktiv
    Was könnte er tun? **72**
    Was wäre, wenn …? **74**
    Wenn ich könnte, würde ich … **75**

Satzgefüge mit Adverbialsätzen
    Textüberarbeitung: Adverbiale Bestimmungen oder Nebensätze **76**

Satzgefüge mit Relativsätzen
    Mit Relativsätzen zusätzliche Informationen zu Nomen geben **78**
    Textverbesserung: Sätze vereinfachen **80**

Wissenswertes auf einen Blick **82**

ARBEITSTECHNIK **Der Textknacker**

Einen Sachtext lesen und verstehen

Rigoberta Menchús friedlicher Kampf für die Menschenrechte

Die Bürgerrechtlerin Rigoberta Menchú hat als erste amerikanische Ureinwohnerin den Friedensnobelpreis erhalten. Die Nobelpreisverleihung fand am 10. Dezember 1992 in Oslo (Norwegen) statt. Rigoberta Menchú sagte in ihrer Dankesrede: „Ich bin tief berührt
5 und stolz darauf, mit dem Friedensnobelpreis 1992 ausgezeichnet worden zu sein. Tief berührt persönlich und stolz auf mein Land und seine sehr alte Kultur. [...] Ich betrachte diesen Preis nicht als eine persönliche Auszeichnung, sondern als einen großen Sieg im Kampf um Frieden, um Menschenrechte und um die Rechte
10 der eingeborenen Völker, die die ganzen 500 Jahre lang vertrieben und zu Opfern von Genozid[1], Unterdrückung und Diskriminierung[2] wurden. [...]
Die Quiché-Indianerin setzt sich für die Rechte der Indios in ihrer Heimat Guatemala ein. Während die linksgerichteten Guerilla
15 der „Nationalen Revolutionären Einheit Guatemalas" seit bereits 30 Jahren in einem Bürgerkrieg soziale Gerechtigkeit und Rechtsstaatlichkeit für die unterdrückten Indios erkämpfen wollen, engagiert sich Menchú mit politischer Informationsarbeit friedlich für ihre Landsleute. In der Begründung des Nobelpreis-Komitees, das für die Auswahl
20 der Preisträger zuständig ist, hieß es unter anderem: „Rigoberta Menchú wuchs in Armut in einer Familie auf, die unter brutaler Unterdrückung und Verfolgung leiden musste. In ihrer sozialen und politischen Arbeit blieb sie immer dem Ziel treu, für den Frieden zu kämpfen. Heute steht sie als lebendiges Symbol für Frieden und Versöhnung
25 in ihrem eigenen Land, auf dem amerikanischen Kontinent und in der Welt."
Die Reaktionen auf die Verleihung des Friedensnobelpreises an Rigoberta Menchú waren in Guatemala sehr unterschiedlich: Die Indios feierten die Preisträgerin, sie waren nämlich stolz, dass
30 eine Angehörige ihrer Bevölkerungsgruppe diese Auszeichnung erhielt. Bei der so genannten Oberschicht des Landes jedoch, bei Guatemalas Ladinos, stieß die Preisverleihung auf völliges Unverständnis. Die Ladinos konnten nicht verstehen, dass eine „dumme, hinterwäldlerische Indigena[3]" mit dem Friedensnobelpreis
35 ausgezeichnet wurde.

Rigoberta Menchú bei der Verleihung des Friedensnobelpreises in Norwegen

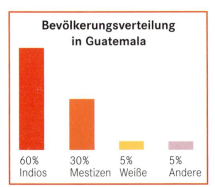

Die Gruppe der Indios setzt sich aus Indigenas der Maya-Quiché, Mames, Cakchiqueles und Kekchi zusammen. Mestizen werden in Guatemala Ladinos genannt. Die letzten 5% der Bevölkerung teilen sich auf Schwarze, Mulatten und Zambos (indianisch-schwarze Mischlinge) auf.

[1] der Genozid: der Völkermord.
[2] die Diskriminierung: die Benachteiligung von bestimmten Gruppen, oft Minderheiten.
[3] Indigena, span.: die Eingeborene, die Einheimische.

Der Textknacker   ARBEITSTECHNIK

Die 1959 in Guatemala geborene Angehörige der Maya-Bevölkerung musste während der Militärherrschaft in Guatemala am eigenen Leib die schweren Menschenrechtsverletzungen durch staatliche Organe erfahren, weil willkürliche Folter und Gewaltakte an der Tagesordnung
40 waren. In den siebziger Jahren vereinigten sich guatemaltekische Landarbeiter. Sie gründeten die CUC[4], um gemeinsam ihre Rechte zu vertreten. Rigoberta Menchús Vater gehörte zu den Gründungsmitgliedern der CUC.
Auch Rigoberta Menchú trat der Vereinigung im Jahre 1979 bei. Aufgrund
45 ihres Einsatzes für die Menschenrechte wurde Rigoberta Menchú von der Militärherrschaft verfolgt und floh nach Mexiko ins Exil. 1993 gründete sie im Exil die Rigoberta-Menchú-Tum-Stiftung. Diese Stiftung hat die friedliche Entwicklung der Gesellschaften zum Ziel, dabei sollen die unterschiedlichen politischen, kulturellen und
50 ethnischen[5] Realitäten anerkannt werden. Neben dem Friedensnobelpreis wurde Rigoberta Menchú für ihre Verdienste unter anderem mit dem UNESCO-Preis „Erziehung für den Frieden" (1990) und dem Orden der „Ehrenlegion im höchsten Kommandeursgrad" (1996) ausgezeichnet. Sie nahm als „UNESCO-Botschafterin des Guten Willens"
55 für das Programm „Kultur des Friedens" an der Weltkonferenz der Menschenrechte 1993 in Wien teil. Seit dem Ende des Bürgerkrieges in Guatemala 1996 setzt sich Rigoberta Menchú besonders für eine umfassende Aufarbeitung der Menschenrechtsverletzungen ein.
60 Auch im Jahre 2003 wird sie nach wie vor aufgrund ihres Einsatzes massiv bedroht.

Trotz vielfältiger Bemühungen hat sich die Situation in Guatemala bis heute nicht gebessert. Die Menschenrechtsorganisation amnesty international macht in ihrem Journal vom Oktober 2002 darauf aufmerksam, dass in Guatemala Personen, die sich für die Menschenrechte und eine Aufklärung von Menschenrechtsverletzungen einsetzen, neuen Wellen von Repressalien[6] ausgesetzt werden. So fürchtet amnesty international um die Sicherheit der Mitarbeiter der „Rigoberta-Menchú-Tum-Stiftung" in Guatemala-Stadt, nachdem einer von ihnen, Guillermo Ovalle, am 29. April 2002 ermordet wurde.

Mehr Informationen über amnesty international findest du in dem Text auf Seite 9.

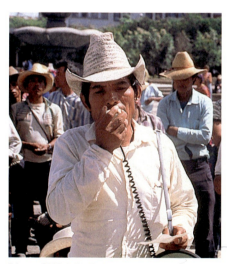

Diese CUC-Mitglieder demonstrieren für eine Landreform. Neben der Verteidigung der Menschenrechte kämpft die Organisation für die Durchsetzung der Rechte der Bauern und für eine gerechtere Verteilung des Grundbesitzes.

Der Landbesitz ist in Guatemala extrem ungleich verteilt. Die Verhältnisse sichern die Vorherrschaft einer sehr reichen kleinen Kaste von weißen Großgrundbesitzern, die sowohl die politische als auch die wirtschaftliche Modernisierung Guatemalas hemmt. Diese extremen Gegensätze blieben auch nach Beendigung des Bürgerkriegs bestehen. Er hatte sich an der Landfrage und der krassen Armut entzündet.

---

[4] die CUC: Comité de Unidad Campesina, das Komitee der Bauernvereinigung.
[5] ethnisch: auf Bevölkerungsgruppen bezogen.
[6] die Repressalien: die Maßnahmen, die auf jemanden Druck ausüben.

ARBEITSTECHNIK **Der Textknacker**

Mit Hilfe des Textknackers kannst du den Sachtext
über Rigoberta Menchú verstehen.

> Die **Überschrift** sagt
> Genaueres über das **Thema**.

1 Welche Erwartungen hast du an den Text, wenn du die Überschrift liest?
Schreibe Stichworte auf.

_____

_____

> **Fotos** helfen,
> den Text zu verstehen.

2 a. Sieh dir die Fotos auf den Seiten 4 und 5 genauer an.
b. Lies dazu die Bildunterschriften.
c. Was stellen die Fotos dar?
Welche zusätzlichen Informationen enthalten die Bildunterschriften?
Schreibe die Informationen in Stichworten auf.

1. Foto: _____

2. Foto: _____

3. Foto: _____

> **Absätze gliedern** den Text.

3 Lies den Text auf den Seiten 4 und 5.

4 Der Text ist in mehrere Absätze gegliedert.
Jeder Absatz enthält Informationen zu einem Teilthema.
Wie viele Teilthemen kannst du erkennen?
Formuliere zu jedem Teilthema eine knappe Überschrift.
Schreibe die Überschriften auf die Linien.

1. Absatz: _____ 2. Absatz: _____

_____

_____

Der Textknacker ARBEITSTECHNIK

> Schlüsselwörter helfen,
> den Text zu verstehen.

5 In den ersten beiden Absätzen sind die Schlüsselwörter blau hervorgehoben.
   a. Finde im übrigen Text selbst Schlüsselwörter.
   b. Markiere sie blau.

> Tabellen, Diagramme und Grafiken
> geben oft zusätzliche Informationen.

6 a. Sieh dir die beiden Diagramme von Seite 4 genauer an.
   b. Beantworte die Fragen in vollständigen Sätzen.

Für welchen Zeitraum gilt das obere Diagramm auf Seite 4?

_____

Was sagt dir dieses Diagramm über die Verleihung des Nobelpreises an Frauen und Männer?

_____

_____

Worüber informiert das untere Diagramm auf Seite 4?

_____

CUC-Demonstration.
Auf dem Banner steht:
Die ermordeten Helden sind nicht vergessen.

Was sagt das Diagramm über die Anteile der verschiedenen Bevölkerungsgruppen in Guatemala?

_____

_____

_____

_____

ARBEITSTECHNIK **Der Textknacker**

> Oft besteht zwischen zwei Aussagen
> ein inhaltlicher Zusammenhang.
> Die Textverknüpfer (z. B. Konjunktionen)
> machen auf solche
> Textzusammenhänge aufmerksam.

Die Indios feierten die Preisträgerin, sie waren nämlich stolz, dass eine Angehörige ihrer Bevölkerungsgruppe diese Auszeichnung erhielt.

(Seite 4, Z. 29–30)

7 Das Wort nämlich zeigt an, dass etwas erklärt wird.
Was wird erklärt?
   a. Unterstreiche den Satz, der erklärt wird, blau.
   b. Unterstreiche die Erklärung grün.

8 Im Text auf S. 5 findest du zwei weitere Sätze, in denen Textverknüpfer hervorgehoben sind.
Auch hier zeigen die Textverknüpfer an, dass etwas näher erklärt wird.
   a. Umkreise die Textverknüpfer.
   b. Unterstreiche die Wortgruppen oder Sätze, die erklärt werden, blau.
   c. Unterstreiche die Erklärungen grün.

> Worterklärungen helfen, den Text zu verstehen.

9 Welche Wörter werden als Fußnoten erklärt?
Schreibe die Wörter und die Erklärungen auf.

Indio-Frauen berichten vom Verschwinden ihrer Männer.

Der Textknacker ARBEITSTECHNIK

> **Im Lexikon** kannst du unbekannte Wörter nachschlagen.

10 Im Text kommt das Wort Ladinos vor.
  a. Unterstreiche das Wort.
  b. Wer oder was sind Ladinos?
     Schreibe die Erklärung aus dem Text auf.

  _____
  _____

La|di|no (span.): 1. Mischling von Menschen weißer Hautfarbe und Indigenen, anderswo: Mestize
2. herrschende Schicht in Guatemala
3. Jüdisch-Spanisch, Spaniolisch, das von den spanischen Juden nach ihrer Vertreibung aus Spanien beibehaltene Spanisch.

  c. Lies die drei Erklärungen zu **Ladino** in der Randspalte.
     Welche Erklärung passt am besten? Markiere sie.

11 a. Suche im Text weitere Wörter, die du nicht kennst.
       Schlage sie im Lexikon nach.
    b. Schreibe kurze Erklärungen zu den Wörtern auf.

  _____
  _____
  _____
  _____

Menschenrechtsaktion vor der Kathedrale in Guatemala-Stadt

> **Eine Zusammenfassung** zeigt,
> was du verstanden hast.

12 Fasse nun den Inhalt des Textes kurz zusammen.
  Schreibe drei bis vier Sätze auf.

Wissenswertes zu „Inhalte zusammenfassen" Seite 84

  _____
  _____
  _____
  _____
  _____
  _____

ARBEITSTECHNIK

Der Textknacker

Den Textknacker üben

Übe den Textknacker noch einmal mit diesem Text.

amnesty international – weltweiter Einsatz für die Menschenrechte

Am 28. Mai 1961 erschien im britischen „The Observer" ein Artikel des Rechtsanwalts Peter Benenson unter dem Titel „The Forgotten Prisoners" (Die vergessenen Gefangenen).

„Es ist besser, eine Kerze zu entzünden, als sich über die Dunkelheit zu beklagen", war das Motto der ersten ai-Aktivisten. Zum Sinnbild von ai wurde die von Stacheldraht umschlungene brennende Kerze.

1. An einem Tag im November 1960 las der Londoner Rechtsanwalt Peter Benenson in einer Zeitung von der Verhaftung zweier Studenten in Lissabon[1]. Die beiden hatten sich in einem Lokal kritisch über das diktatorische Regime[2] Portugals geäußert. Ein zufälliger Zeuge des Gesprächs hatte die Studenten
5 denunziert[3]. Die beiden waren daraufhin festgenommen und zu langjährigen Gefängnisstrafen verurteilt worden.

2. Benenson war empört über diese Verletzung des Rechts auf freie Meinungsäußerung. Er ließ es dabei aber nicht bewenden, sondern handelte. Er fand Gleichgesinnte, die sich wie er für die Respektierung
10 grundlegender Menschenrechte engagieren wollten, also zum Beispiel für das Recht auf freie Meinungsäußerung. Dazu hatten sich die Staaten verpflichtet, die sich seit 1945 in den Vereinten Nationen zusammenschlossen und die 1948 die Allgemeine Erklärung der Menschenrechte verabschiedeten. Benenson startete gemeinsam mit seinen Mitstreitern eine Aktion,
15 in deren Rahmen er im Mai 1961 in der britischen Zeitung „The Observer" einen Artikel mit dem Titel „Die vergessenen Gefangenen" veröffentlichte. Der Artikel enthielt einen „Appeal for Amnesty", einen Aufruf, sich für die Freilassung von Menschen einzusetzen, die von ihrem Recht auf Meinungs- und Gewissensfreiheit Gebrauch gemacht hatten und dafür
20 verfolgt, inhaftiert, gefoltert, hingerichtet wurden. Diese Aktion hatte einen ungeheuren Erfolg, der Artikel wurde in zahlreichen Zeitungen nachgedruckt. In mehreren Ländern bildeten sich die ersten Gruppen freiwilliger Mitarbeiter, die Gefangene betreuen wollten.

3. Aus der einmaligen Kampagne wurde eine dauerhafte weltweite
25 Bewegung, die den Namen „amnesty international" – ai – erhielt. Seit diesen Anfängen vor mehr als 40 Jahren hat sich viel getan, aus der Gefangenenhilfsorganisation ist eine Menschenrechtsorganisation mit einem breiten Aufgabenbereich geworden. Heute hat amnesty international in mehr als 150 Ländern der Welt mehr als 1,5 Millionen
30 Mitglieder und Förderer, die sich in Gruppen oder auch als Einzelne engagieren. Sie schreiben Briefe, Faxe und E-Mails an Regierungen, Institutionen und Einzelpersonen. Sie sorgen dafür, dass über das Unrecht überall in der Welt in den Medien berichtet wird. Sie versuchen, Druck auf eigene und fremde Regierungen auszuüben, um die Gewalt zu beenden
35 und die Beachtung der Menschenrechte durchzusetzen.

4. Bleibendes Prinzip von amnesty international ist ihre Unabhängigkeit von Regierungen, politischen Parteien, Wirtschaftsinteressen, Ideologien und Religionen. Daher akzeptiert die Organisation grundsätzlich keine Gelder von Regierungen, sie finanziert ihre Arbeit ausschließlich durch Mitglieds-
40 und Förderbeiträge und durch Spenden.

5. Der „Jahresbericht", den ai regelmäßig publiziert, gibt einen Überblick über die Menschenrechtslage in nahezu allen Ländern der Welt. Auch über die Webseite in Deutschland www.amnesty.de kann man sich umfassend zum Thema Menschenrechte informieren.

[1] Lissabon: die Hauptstadt von Portugal.   [2] das Regime: eine (volksfeindliche) Regierung.
[3] denunzieren: jemanden bei der Polizei oder Staatsanwaltschaft anzeigen und dadurch der Verfolgung aussetzen. Denunziation ist in demokratischen Ländern strafbar.

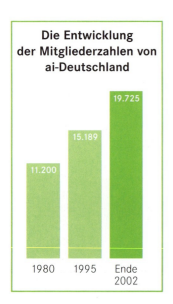

Die Entwicklung der Mitgliederzahlen von ai-Deutschland

1980: 11.200
1995: 15.189
Ende 2002: 19.725

Der Textknacker ARBEITSTECHNIK

1 Worum geht es in dem Text auf Seite 10?
  a. Sieh dir die Bilder und die Grafik an.
  b. Lies die Überschrift.
  c. Schreibe Stichworte auf.

a) Zeitung, Kerze, Mitgliederzahlen von ai-Deuts
b) Einsatz für die Menschenrechte.
c) Siehe a + b

2 Lies nun den ganzen Text.

3 a. Nummeriere die Absätze.
  b. Finde passende Überschriften für die Teilthemen.

  1. Absatz: 2 Studenten denunziert.
  2. Absatz: Benenson sorgt für Recht.
  3. Absatz: Mitglieder der "ai" setzen sich durch.
  4. Absatz: Keine Gelder der Regierung.
  5. Absatz: Informationen der "ai".

4 Markiere wichtige Schlüsselwörter.

5 Einige Textverknüpfer sind im Text markiert.
Schreibe mit eigenen Worten auf, welcher inhaltliche Zusammenhang jeweils hergestellt wird:
  – nähere Erläuterung,
  – Folgerung,
  – Zweck.

Abkürzungen, die im Lexikon häufig vorkommen:	
Abk.	– Abkürzung
Akk.	– Akkusativ
Dat.	– Dativ
Gen.	– Genitiv
Nom.	– Nominativ
Inf.	– Infinitiv
Sing.	– Singular
Plur.	– Plural
EDV	– elektronische Datenverarbeitung
Jh.	– Jahrhundert
nordd.	– norddeutsch
südd.	– süddeutsch
w.	– weiblich
m.	– männlich
scherzh.	– scherzhaft

6 a. Schlage die Wörter, die du nicht verstehst, im Lexikon nach.
  b. Schreibe die Wörter mit den Erklärungen in dein Heft.

7 Schreibe eine kurze Zusammenfassung des Textes in dein Heft.

TRAINING SCHREIBEN — Einen Sachtext zu einer Grafik verfassen

Erdöl im Wüstenstaat Saudi-Arabien

Einer Grafik kannst du viele Informationen zu einem Thema entnehmen. Dazu musst du die Grafik lesen und auswerten.

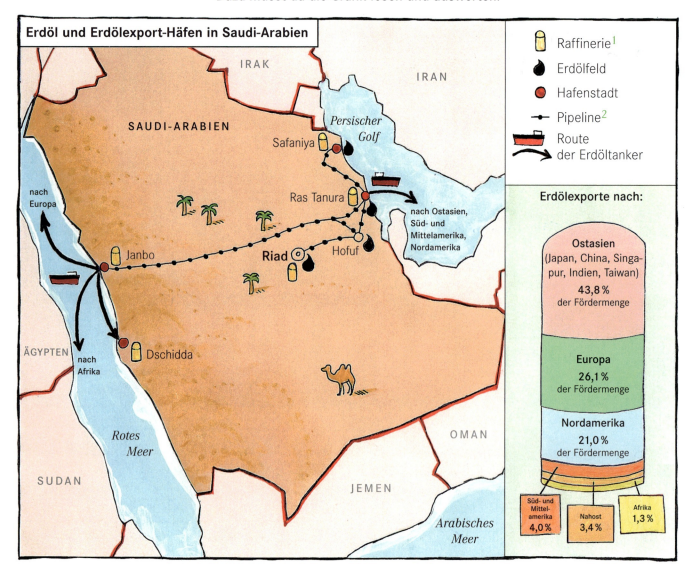

Einen Text erschließt du dir mit Hilfe des Textknackers. Eine Grafik kannst du dir auf ähnliche Weise erschließen. Die Tipps helfen dir dabei.

Tipp 1: Sieh dir zunächst die Grafik als Ganzes an.

❶ Worum geht es in dieser Grafik?
   a. Lies die Überschrift. Sieh dir die Abbildungen an.
   b. Schreibe in Stichworten auf, was auf dieser Grafik dargestellt ist.

---

[1] die Raffinerie: eine Fabrik zur Reinigung von Erdöl. [2] die Pipeline: eine Rohrleitung zum Transport von Flüssigkeiten.

Einen Sachtext zu einer Grafik verfassen TRAINING SCHREIBEN

Die Grafik besteht aus zwei Teilen, einer Karte mit Legende[1] und einem Säulendiagramm. Betrachte die beiden Teile getrennt.

Tipp 2: Kläre die genaue Bedeutung der einzelnen Symbole[2] der Karte: Was stellen sie dar?

② In der Karte findest du fünf kleine Symbole.
Sie werden in der Legende erklärt.
Schreibe die passende Erklärung hinter die Symbole.

Tipp 3: Betrachte die Karte genauer. Stelle W-Fragen zum Inhalt.

③ Beantworte die Fragen in vollständigen Sätzen.

Wo liegen die Erdölfelder von Saudi-Arabien?

Die Erdölfelder liegen

Welche Städte liegen in der Nähe?

Wohin wird das Erdöl innerhalb von Saudi-Arabien geleitet?

Wie geschieht das?

Womit wird das Erdöl ins Ausland transportiert?

Wohin wird das Erdöl exportiert[3]?

> Was?
> Wo?/Wohin?
> Wie?/Womit?
> Welche Veränderungen?
> Welche Erklärung/
> Welche Schlussfolgerung lässt sich ableiten?

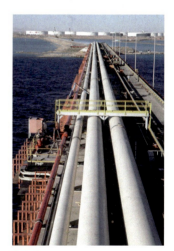

Erdölpipelines in Janbo

[1] die Legende: die Erklärung der Abbildungen einer Grafik, Karte oder Zeichnung.
[2] das Symbol: ein Zeichen für etwas; ein Sinnbild.
[3] exportieren: Waren in andere Länder ausführen, in andere Länder bringen.

TRAINING SCHREIBEN   # Einen Sachtext zu einer Grafik verfassen

Blick auf eine Ölraffinerie in Saudi-Arabien

Tipp 4: Betrachte nun das Säulendiagramm genauer.

4 Beantworte die Fragen in vollständigen Sätzen.

Wohin und in welcher Menge wird das Erdöl exportiert?

_____

_____

Wohin (in welche Staaten) wird am meisten Erdöl exportiert?

_____

_____

Wohin (in welchen Kontinent[1]) wird am wenigsten Erdöl exportiert?

_____

_____

Tipp 5: Schreibe auf, welche Schlussfolgerungen oder Erklärungen sich aus der Grafik ableiten lassen.

5 Beantworte die Fragen in vollständigen Sätzen.

Gibt es von allen Erdölfeldern Pipelines zu den Raffinerien?

In welchem Verhältnis steht die Menge des Erdöls, das nach Ostasien, Europa und Nordamerika exportiert wird, zu der Menge des Erdöls, das in weitere Kontinente und Staaten exportiert wird?

_____

_____

_____

> Saudi-Arabien ist das größte Land der Arabischen Halbinsel. Es liegt zwischen dem Roten Meer und dem Persischen Golf und ist das drittgrößte Erdöl produzierende Land der Erde. Eine 1300 km lange Pipeline verbindet das Rote Meer mit dem Persischen Golf.

Jetzt weißt du, was die Grafik dir erklärt.

6 Schreibe nun die Informationen aus der Grafik als zusammenhängenden Sachtext in dein Heft.
- Berücksichtige dabei die Informationen über Saudi-Arabien.
- Beachte auch die W-Fragen auf Seite 13.
- Schreibe in der Einleitung, worum es geht.
- Schreibe im Hauptteil, was die Karte und was das Säulendiagramm beschreiben.
- Schreibe zum Schluss, was die Schlussfolgerung ist.

Die Wortgruppen in der Randspalte helfen dir.

> In der Grafik wird dargestellt ...
> Die längste Pipeline führt von ... nach ...
> 43,8 % der Fördermenge werden ...

[1] der Kontinent: ein Erdteil.

Informationen zu Texten verarbeiten TRAINING SCHREIBEN

Ein Bericht für die Vereinszeitung

Für einen Bericht, zum Beispiel für eine Vereinszeitung, muss man meist verschiedene Informationen verarbeiten.

Tim schreibt für die Vereinszeitung der LRG[1] einen Bericht über die Regatta[2] am Aasee in Münster.

> Saisoneröffnung auf dem Aasee
>
> Nach dem ersten Wintertraining unter dem neuen Trainer wollten die Leichtgewichte und die A-Junioren[3] der LRG wissen, ob sie der deutschen Konkurrenz zum Anfang der Saison[4] Paroli[5] bieten könnten. Also fuhren sie (Bjarne, Hanjo, Thomas und der Trainer) am Samstag, 26.04., nach Münster zur 31. Aasee-Regatta. Die Regatta dauerte den ganzen Tag.

Im Ziel: Hanjo nur auf Platz vier; Thomas besser; Platz 1 – Erster Saisonsieg! Toller Erfolg!

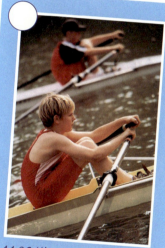

Thomas   Hanjo   Bjarne   Unser Trainer

11:30 Uhr: Hanjo und Thomas müssen im Rennen für die Leichtgewichte gegeneinander antreten. Leider, leider!

Samstagabend: Boote verladen, dann Abendessen und feiern mit den anderen Teilnehmern.

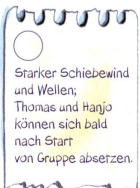

Starker Schiebewind und Wellen; Thomas und Hanjo können sich bald nach Start von Gruppe absetzen.

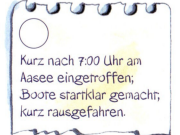

Kurz nach 7:00 Uhr am Aasee eingetroffen; Boote startklar gemacht; kurz rausgefahren.

---

[1] LRG: Lübecker Ruder-Gesellschaft von 1885. [2] die Regatta: eine Wettfahrt von Wasserfahrzeugen, z. B. beim Rudern und Segeln. [3] die A-Junioren: die Besten der jüngeren Sportler des Vereins.
[4] die Saison, hier: die Jahreszeit, in der der Sport ausgeübt werden kann. [5] Paroli bieten: Widerstand entgegensetzen.

TRAINING SCHREIBEN **Informationen zu Texten verarbeiten**

15:35 Uhr: Bjarne muss im ersten Junior-A-Einerrennen sein Können zeigen.

Bjarne gewinnt sein 1. Rennen. 17 Sekunden Vorsprung! Tolle Leistung!

Bjarnes zweites Junior-A-Einerrennen: Die Gegner sind schwerer – Bjarne nur 4.

11:00 Uhr: Hanjo und Thomas bereiten sich auf das Rennen für die Leichtgewichte vor. Zuerst zur Waage und dann zum Start.

Wann?
Wo?
Wer?
Was geschah der Reihe nach?
Was war die Folge?

Für den Bericht muss zunächst geklärt werden, ob alle Fragen zum Sachverhalt beantwortet werden können.

1 a. Stelle zu der Regatta auf dem Aasee die W-Fragen.
b. Markiere auf den Notizzetteln, den Fotos und in der Einleitung die Antworten auf die W-Fragen in unterschiedlichen Farben.

Nun können alle Materialien geordnet werden.

2 In welcher zeitlichen Reihenfolge sind die Notizzettel und die Fotos an jenem Samstag entstanden?
a. Überlege dir eine sinnvolle Reihenfolge.
b. Nummeriere die Fotos und die Notizzettel in dieser Reihenfolge.

Das Wichtigste in einem Bericht über einen Sportwettbewerb ist der Wettbewerb selbst.

3 Auf den Notizzetteln findest du Hinweise zu mehreren Rennen.
a. Welcher von den drei Jungen nahm an dem jeweiligen Rennen teil? Welcher Platz wurde in den einzelnen Rennen von den Jungen errungen? Notiere in der Tabelle.
b. Schreibe Sätze zu den Rennen und den Platzierungen in dein Heft.

Teilnehmer	Rennen Leichtgewichte teilgenommen	Platz	1. Rennen Junior-A-Einer teilgenommen	Platz	2. Rennen Junior-A-Einer teilgenommen	Platz
Thomas						
Bjarne			✗	1.		
Hanjo						

Informationen zu Texten verarbeiten **TRAINING SCHREIBEN**

Interessant für einen Bericht ist auch,
was vor dem Wettbewerb geschah und was danach.

Wissenswertes zu „Berichten"
Seite 83

4 Schreibe dazu Stichworte auf.

Davor: _____

_____

Danach: _____

_____

Ein Bericht für die Vereinszeitung kann auch
eine persönliche Meinung enthalten.

5 Formuliere ein bis zwei Sätze, die eine persönliche Meinung enthalten.
Tipp: Lies dazu noch einmal die Notizzettel auf den Seiten 15 und 16.

_____

_____

Die Leserinnen und Leser des Berichts wollen sicher noch mehr erfahren
als nüchterne Zahlen und Ergebnisse. Der Bericht sollte auch
anschaulich sein.

6 Schreibe zwei Stellen des Berichts besonders anschaulich.
Die zusätzlichen Notizzettel in der Randspalte helfen dir.

> Thomas freut sich nach dem Zieleinlauf, dass

> Nach 400 Metern ist Hanjo bereits erschöpft und erkennt, dass

> Beim Abendessen erzählen die Jungen

_____

_____

_____

_____

Nun kannst du den Bericht für das Vereinsblatt schreiben.

7 Schreibe den Bericht über die Regatta am Aasee in dein Heft.
Beachte dabei Folgendes:
- Beantworte die W-Fragen in der richtigen Reihenfolge.
- Verwende die Wörter und Wortgruppen in der Randspalte.
- Füge an geeigneten Stellen deine persönliche Meinung ein.
- Schreibe zwei Stellen besonders anschaulich.

Tipp: Du kannst mit der Einleitung auf der Seite 15 beginnen.

die Boote startklar machen	andere Teilnehmer der Regatta
kurz rausfahren	sein Können zeigen
vorbereiten	mit den Wellen kämpfen
von den Gegnern absetzen	feiern
die Siegertreppe	das Abendessen
verladen	Hunger haben
ausrudern	fröhlich sein

TRAINING SCHREIBEN **Stellungnahme zu einem Sachtext**

Ölpest an der spanischen Küste

Seit Jahrzehnten wird die Welt aufgeschreckt durch Havarien[1] von Öltankern. Eine davon ist die Havarie der Prestige. Ein Zeitungsartikel berichtet darüber.

19. November 2002: Die „Prestige" versinkt 233 Kilometer von der Insel Cies entfernt im Atlantik.

Am 13. November 2002 geriet der Großtanker „Prestige" 250 Kilometer vor der spanischen Küste in Seenot. Auf dem Weg von Lettland nach
5 Gibraltar fiel der Antrieb des mit 77 000 Tonnen Schweröl beladenen Schiffes aus. Heftige Wellen rissen den Rumpf des einwandigen Tankers auf einer Länge von etwa 50 Metern
10 auf. Sofort traten tausende Tonnen von Öl aus. Schlepper[2] versuchten, den Havaristen[3] auf die offene See zu ziehen und damit eine Umweltkatastrophe im Küstengebiet zu
15 verhindern. Doch am 19. November zerbrach die 1976 in Japan gebaute „Prestige" und sank. Eine Bergung erwies sich als unmöglich. Die „Prestige" hinterließ einen Ölteppich
20 von gewaltigen Ausmaßen, der die Tier- und Pflanzenwelt im Meer und an der spanischen Küste zerstörte. Die finanziellen Einbußen für die Fischerei und die Tourismuswirtschaft
25 sind kaum abzuschätzen. Allein die Reinigungskosten belaufen sich auf weit über 300 Millionen Euro.

Wissenswertes zu „Sachtexte lesen und verstehen" Seite 82

Was ist geschehen?

❶ Erschließe den Zeitungsbericht mit Hilfe des Textknackers.

Wann?
Wo?
Wer?
Was geschah?
Was war die Folge?

❷ Welche sachlichen Angaben enthält der Zeitungsbericht? Unterstreiche die Antworten auf die W-Fragen in unterschiedlichen Farben.

In Leserbriefen äußern Leserinnen und Leser ihre Meinung zu dem Tankerunglück.

Mir tun die vielen Vögel leid, die sterben müssen. Ich will nicht, dass Öltanker fahren.
Nina, 10 J.

Sicher ist solch ein Unglück schrecklich. Aber wir brauchen das Öl, denn ohne Öl hätten wir keine ausreichende Energieversorgung. Und mit Pipelines lässt sich das Öl nicht über die Meere transportieren. Also muss den Verantwortlichen etwas einfallen, damit der Öltransport auf See sicherer wird.
Vera S. aus N.

Das ist ja furchtbar! Schon wieder solch ein schreckliches Tankerunglück. Man sollte endlich alle Öltransporte auf See abschaffen, damit die Umwelt geschützt wird. Außerdem ist es doch schrecklich, dass immer mehr Urlaubsstrände verschmutzt werden!
Jan B. aus K.

❸ Fasse die Meinungen der Leserbriefschreiber jeweils in einem Satz zusammen. Schreibe in dein Heft.

[1] die Havarie: der Schiffsunfall. [2] der Schlepper: ein Schleppschiff.
[3] der Havarist: ein Schiff, das einen Unfall hatte.

Stellungnahme zu einem Sachtext   TRAINING SCHREIBEN

Eine neunte Klasse möchte im Biologieunterricht differenziert zu dem Thema Stellung nehmen. Deshalb haben die Schülerinnen und Schüler alle Informationen gesammelt, die sie zu dem Unglück der Prestige und dem Transport von Öl auf den Meeren finden konnten.

> Jedes Jahr transportieren Öltanker etwa 1,8 Milliarden Tonnen Rohöl über die Weltmeere, um den Energiebedarf der Industrieländer zu befriedigen. Ohne die Tanker würde die Versorgung Europas mit Öl sehr schnell zusammenbrechen.
>
> Aus einer Nachrichtensendung im Fernsehen

> Der Kapitän der „Prestige" hat doch versucht, sein Schiff in einen nahe gelegenen Hafen zu steuern, das wurde ihm verboten. Warum eigentlich? Es sollte doch für einen Öltanker möglich sein, einen „Nothafen" anzusteuern.
>
> Aus einem Leserbrief

> Die „Prestige" wurde in Japan gebaut, ist Eigentum eines griechischen Reeders, wurde von einer russischen Handelsgesellschaft gechartert, die ihren Sitz in der Schweiz hat, und fuhr unter der Flagge der Bahamas.
>
> Aus einem Zeitungsartikel

> Auch das Problem der so genannten „Billigflaggen" muss dringend in einem internationalen Rahmen angepackt werden. Schiffe, die unter „Billigflagge" fahren, sind zwar registriert[1]. Aber letzten Endes kann der Reeder machen, was er will. Der Sicherheitsstandard der Schiffe unterliegt keiner unabhängigen Kontrolle, und auch die sozialen Bedingungen für die Seeleute an Bord sind nicht geregelt. Es regiert der nackte Profit. In Zukunft ist es außerdem unbedingt erforderlich, verbesserte Spezialschlepper einzusetzen, die bei Manövrierunfähigkeit eines Tankers rasch eingreifen können.
>
> Aus der Rede eines Bundestagsabgeordneten

> Die 160 Mitgliedstaaten der IMO[2] beschlossen im April 2001, dass Einhüllentanker wie die „Prestige" bis zum Jahr 2015 von den Meeren verschwunden sein sollen. Bereits seit 1996 dürfen nur noch Tanker mit einer doppelten Hülle gebaut werden, die bei einem Unfall besseren Schutz vor einer Umweltverschmutzung bietet.
>
> Aus einem Kommentar in einer Zeitung

> Materialermüdung gilt als Ursache dafür, dass die Wand der 26 Jahre alten „Prestige" so schnell aufriss. Bei alten Schiffen ist Materialermüdung keine Seltenheit. Auf den Weltmeeren sind derzeit hunderte von Tankern unterwegs, die über 25 Jahre alt sind.
>
> Aus einem Zeitungsartikel

> **Frage:** Ich habe gelesen: Crashtests beweisen, dass eine doppelte Hülle den Tankern vier Mal mehr Sicherheit gibt als nur eine Außenwand. Warum setzt man nicht nur Tanker mit doppelter Hülle ein?
>
> **Antwort:** Ab dem Jahr 2015 sollen alle Einhüllen-Tanker weltweit aus dem Verkehr gezogen werden.
>
> Aus dem Interview mit einem Sachverständigen, abgedruckt in einer Zeitung

[1] registrieren: hier: in eine Liste schreiben.
[2] IMO: die Abkürzung für International Maritime Organisation, die internationale Schifffahrtsorganisation.

TRAINING SCHREIBEN   ## Stellungnahme zu einem Sachtext

Das Material enthält Informationen, mit deren Hilfe du das Thema unter verschiedenen Blickwinkeln betrachten kannst.

④ Woran kann es liegen, dass manche Öltanker nicht sicher sind? Und wie können Öltransporte auf den Meeren insgesamt sicherer werden?
   a. Lies die Texte auf Seite 19.
   b. Markiere die Stichworte, die Antwort auf die beiden Fragen geben, in zwei verschiedenen Farben.
   c. Schreibe die Stichworte auf.

Woran kann es liegen, dass manche Öltanker nicht sicher sind?

Ölflecken vor
der spanischen Küste

Wie können Öltransporte auf den Meeren insgesamt sicherer werden?

Spanische Soldaten
im Kampf gegen
den Ölschlamm

⑤ Die Texte auf der Seite 19 geben Informationen und Meinungen wieder.
   a. Unterstreiche die Informationen farbig.
   b. Unterstreiche die Meinungen in einer anderen Farbe.

⑥ Nun hast du das Material ausgewertet. Formuliere jetzt deine zentrale Frage.

Meine zentrale Frage lautet:

Stellungnahme zu einem Sachtext TRAINING SCHREIBEN

Nun kannst du eine differenzierte schriftliche Stellungnahme zu Öltransporten durch Tanker schreiben.

7 Gliedere deine Stellungnahme in Einleitung, Hauptteil und Schluss.
  a. Schreibe in der Einleitung,
    – durch welches Ereignis du dazu gekommen bist, über das Thema nachzudenken,
    – zu welcher zentralen Frage du Stellung nehmen willst.
  b. Schreibe im Hauptteil, welche einzelnen Fragen sich bei dem Thema stellen und welche Antworten es darauf gibt.
    Verwende dazu deine Stichworte von Seite 20.
  c. Schreibe zum Schluss deine persönliche Meinung auf.
    Nimm dabei in einem oder zwei Sätzen Stellung zu der Entscheidung der EU-Verkehrsminister. Du findest sie in der Randspalte.

Helfer säubern einen mit Öl verschmierten Vogel.

Einleitung: Am   versank

Hauptteil: Man muss die Frage unter zwei

> Als Konsequenz aus der Umweltkatastrophe vor Spaniens Küste, verursacht durch den Schweröltanker „Prestige", dürfen Tanker mit einer einfachen Bordwand nicht mehr in EU-Häfen einfahren. Das beschlossen die EU-Verkehrsminister am 27. März 2003.

> beantworte ich
> bedenken
> die Tatsachen sind
> frage ich
> die beste Möglichkeit
> im Hauptteil
> man sollte aber
> meine persönliche Meinung
> nicht nur Europa sollte
> weltweit
> zum Schluss

Schluss: Die Industrieländer benötigen

21

TRAINING SCHREIBEN **Ein Ergebnisprotokoll schreiben**

Die erste SV-Sitzung nach den Ferien

Nach der Wahl des Schulsprecherteams treffen sich alle Schul- und Klassensprecher der Roncalli-Schule zu einer ersten SV-Sitzung. Protokollführerin Efra Kuru aus der 9a machte sich Notizen für ihr Ergebnisprotokoll.

1
a. Lies die Notizen.
b. Welche Informationen sind wichtig, welche nicht? Markiere in den Notizen wichtige Informationen.
Tipp: Die Einladung mit den TOPs[1] hilft dir dabei, die wichtigen Informationen zu finden.

Einladung zur SV-Sitzung

**1. Sitzung nach den Ferien
Einladung zur SV-Sitzung**
am 23.09. 2003
nach der ersten großen Pause
im Musikraum

Liebe Mitglieder des SV-Teams,
wir laden euch herzlich zur
nächsten SV-Sitzung ein.
Wir hoffen, ihr kommt alle.

Tagesordnung:
1. Verkaufsstand
2. Schulwandertag
3. Verschiedenes

Eure Schulsprecher
Christopher, Ayşegül, Roman

SV-Sitzung Musikraum, nach der ersten gr. Pause
12 Klassensprecher PLUS Schulsprecherteam
(Christopher, Ayşegül, Roman)

Anwesenheitsliste geht rum

Efra Kuru
Efra Kuru
Efra Kuru

(Christopher + Efra ♥)

1. Team-Mitglieder stellen sich noch einmal vor (Namen, Klasse): was sie vorhaben, also was sie alles im neuen Schuljahr für die Schüler machen wollen.

2. Christopher: mit Freiwilligen in jeder großen Pause einen Verkaufsstand organisieren.
Brötchen, Süßigkeiten, Getränke
Kenan aus 9c → Hausmeister erlaubt?
Christopher: will nachfragen

3. Ayşegül: Vorschlag, wie man schlechten Schülern helfen kann.
„Ich erkundige mich bei den Lehrern, wer am besten in jeder Klasse ist."
(viele Zwischenrufe, find ich auch angeberisch von ihr!!!)

Diese Schüler → freiwillig nach der Schule „Interessierten" (also den Faulenzern!!!!) Nachhilfe geben, schwierige Sachen aus dem Unterricht üben.

Fragt doch eine, ob sie bei den Hausaufgaben helfen würden.
„Nee, natürlich nicht!!!"
Nur, wenn man was nicht verstanden hat beim Lehrer, soll man da hin.

---

[1] der TOP: der Tagesordnungspunkt; Plural: die TOPs.

Ein Ergebnisprotokoll schreiben TRAINING SCHREIBEN

4. Kathrin aus der 8 → Preise im Kiosk genauso wie im Supermarkt oder billiger?????? Christopher: weiß noch nicht.

(Meine Meinung: vielleicht spendiert ja meine Mutter Brötchen)
Philip aus der 8 b ruft dazwischen, die sollen auch Comics verkaufen.

5. Roman: neue Vorschläge für Schul-Wanderfahrten, Vergnügungsparks im Sommer oder eislaufen oder Langlauf im Winter. Ein paar Leute stöhnen: Langlauf ist langweilig und anstrengend.

6. Ätzend, die Kleinen, stören dauernd. Christopher ermahnt sie. Jeder soll sich erst melden und dann etwas sagen. Außerdem zu laut.

7. Kleinere Schüler (Klasse ???): keine Skiausrüstung und Eltern kaufen nichts Neues.
→ Ayşegül: Ausleihen von Skiern und Schuhen möglich und Winterklamotten hätte ja wohl jeder.

8. Klassensprecher aus der 9 b: → Schulsprecherteam dafür einsetzen, dass die Älteren auf dem Schulhof rauchen können.
Beschwerde der Kleinen: → noch mehr zu tun beim Schulhofdienst.
Roman: Sitzung im März: Rauchen für alle verboten. Ob sie denn nicht das Protokoll gelesen hätten. | Hihi, da war ich ja noch nicht dabei!

✗ 9. Alle reden durcheinander CHAOS

10. Sitzung beendet durch die Schulsprecher

11. Alle sollen in ihren Klassen von Besprechung erzählen u. fragen
→ wer Kiosk macht
→ wohin erster Wandertag

Wer Interesse an Nachhilfe hat, soll sich im Klassenraum der 10 b melden.

12. In 4 Wochen nächstes Treffen!!!! (Datum rausfinden!)

Ende: 10:30
Juchhuuuuuuuuuuuuuuuu

TRAINING SCHREIBEN **Ein Ergebnisprotokoll schreiben**

Für das Ergebnisprotokoll müssen die Notizen den festgelegten Tagesordnungspunkten zugeordnet werden.

❷ Schreibe die TOPs unten auf die entsprechenden Linien.

❸ Ordne nun die wichtigen Informationen den TOPs zu. Schreibe die Informationen in Stichworten auf die Linien.

TOP 1: Verkaufsstand: in großer Pause
_____
_____
_____
_____
_____
_____
_____

TOP 2: _____
_____
_____
_____
_____
_____
_____
_____
_____
_____

TOP 3: _____
_____
_____
_____
_____
_____
_____
_____

Ein Ergebnisprotokoll schreiben TRAINING SCHREIBEN

Im Ergebnisprotokoll wird nicht alles wiedergegeben, was gesagt wurde, sondern wichtige Ergebnisse der Sitzung werden zusammengefasst, vor allem Absprachen und Beschlüsse.

4 Fasse die Ergebnisse der Sitzung zusammen.
Schreibe zu jedem TOP das Ergebnis auf.
Schreibe in vollständigen Sätzen.

TOP 1: Verkaufsstand: In der großen Pause soll mit Freiwilligen ein Verkaufsstand organisiert werden.

TOP 2: Schulwandertag: Es gibt neue Vorschläge für den Schulwandertag.

TOP 3: Verschiedenes: Ayşegül organisiert ein Nachhilfeprogramm.

Du musst in einem Ergebnisprotokoll auch bestimmte formale Angaben machen.

5 Ergänze die folgenden formalen Angaben.
Tipp: Lies dazu noch einmal die Einladung zur SV-Sitzung und die Notizen auf den Seiten 22 und 23.

Anlass der Sitzung: _____

Zeit: _____

Ort: _____

Teilnehmer/innen: _____

Protokollführerin: _____

Anlass der Sitzung
Zeit (Datum, Beginn, Ende)
Ort (Raum)
Teilnehmer/innen
Protokollführer/in
} „Kopf"

Text
} Hauptteil

Ort, Datum der Abfassung
Unterschrift des/der Protokollführers/in
} Schluss

6 Schreibe ein Ergebnisprotokoll zu der SV-Sitzung in dein Heft.
Tipp: Denke daran, das Ergebnisprotokoll zu unterschreiben.

Wissenswertes zu
„Ein Ergebnisprotokoll schreiben"
Seite 84

TRAINING SCHREIBEN **Adressatenbezogenes Schreiben**

Über das Praktikum berichten

Dana hat ihr Betriebspraktikum im Mai 2003 im Büro
der Anwälte Zank & Partner abgeleistet. Zu ihren Aufgaben gehörte es,
die Gerichtspost der Kanzlei[1] zum Gerichtsgebäude zu bringen und
von dort abzuholen.

Aus den „Altenholmer Nachrichten" vom 14. Mai 2003:

Schülerin rettet Prozess

Nur der hohen Aufmerksamkeit der 15-jährigen Dana H. ist es zu verdanken, dass der so genannte „Dönertier-Prozess" weiter verhandelt werden
5 kann.
In unmittelbarer Nähe des Gerichtsgebäudes „Am Burgfeld 7" fand die Schülerin vorgestern wichtige Prozessunterlagen in einem Gebüsch
10 und lieferte sie sofort bei der Polizei ab. Weder die zuständige Kammer des Amtsgerichts noch die Staatsanwaltschaft oder die Verteidigung in diesem Prozess
15 gegen die Imbissinhaber Hans R. und Ismail Z. hatten das Fehlen der Akten bis dahin bemerkt.
Offensichtlich waren die Akten – hervorgerufen durch einen Windstoß –
20 durch ein geöffnetes Fenster aus dem Sitzungssaal 165, in dem vorgestern verhandelt wurde, herausgeweht.
In dem „Dönertier-Prozess" geht es um

Wann?
  Wo?
    Wer?
      Was geschah
        der Reihe nach?
Was war die Folge?

Tipp 1: Will man über ein Ereignis schriftlich berichten,
muss man zunächst klären, ob alle wichtigen Fragen zum Sachverhalt beantwortet werden können.

❶ Welche **W**-Fragen werden in dem Artikel beantwortet?
Schreibe zu den **W**-Fragen alle sachlichen Angaben in Stichworten auf.

Wann wurden die Akten gefunden? _____

Wo wurden sie gefunden? _____

Wer hat die Akten gefunden? _____

Was geschah der Reihe nach? _____

_____

_____

_____

Was war die Folge? _____

_____

_____

---

[1] die Kanzlei: die Büroräume oder Praxis eines Rechtsanwalts bzw. Notars.

Adressatenbezogenes Schreiben TRAINING SCHREIBEN

Die unterschiedlichen Adressaten[1] interessieren sich für verschiedene Einzelheiten des Vorfalls. Dana muss darauf achten, welche Einzelheiten sie ausführlich schildert und welche sie nur am Rande erwähnt.

Tipp 2: Welche Informationen du ausführlich wiedergibst und welche nur am Rande, hängt auch von dem Adressaten ab.

Ihrer Freundin Leonie in Köln berichtet Dana in einem Telefonat am 14. Mai:

- Die haben für mich im Büro angerufen und mir tausend Fragen gestellt ... länger als zwei Stunden ...
- Netter Polizist. Heißt Thorsten, ist erst 22 Jahre und ist schon POM[2] ...
- ... muss ich die Gerichtspost zum Burgfeld bringen. Das dauert nicht lange, nein.
- ... als ich um Viertel nach eins aus dem Gerichtsgebäude wieder rauskam. Bin um das Gebäude herumgegangen...
- ... ja, im Gebüsch unter den Fenstern!
- ... na, halt etwas Weißes, Bedrucktes ... Neugierig? Nee, ich doch nicht ...
- Eigentlich hätte ich gleich zurückgemusst ... wollte nur noch einige SMS schicken, an Fabiana, Meryem, Kathrin und ...
- Bin gleich zur Polizei in der Mengstraße ... ist nur einige Straßen weiter ...

Fragen zu Einzelheiten des Vorfalls:
- Warum war Dana nicht in der Schule?
- Worum dreht es sich im „Dönertier-Prozess"?
- Was wollte Dana auf dem Parkplatz des Gerichtsgebäudes?
- Ist Dana zu Fuß zum Gericht gegangen?
- War die Situation für Dana gefährlich?
- Welche Haarfarbe hatte der POM Thorsten?
- Wo isst Dana während des Praktikums zu Mittag?
- Waren da noch andere junge Polizisten?
- Weshalb ist Dana nicht gleich in die Anwaltskanzlei zurückgekehrt?
- Hat sie ihre Arbeit vernachlässigt?
- Hat Dana während des Arbeitstages auch genügend Pausen?

❷ Welche Einzelheiten berichtet Dana ihrer Freundin Leonie, die über wichtige Informationen zum Sachverhalt hinausgehen? Unterstreiche die Einzelheiten in den Sprechblasen.

Dana schreibt außerdem einen Brief an ihre Großmutter.

❸ Welche Einzelheiten, die über wichtige Informationen zum Sachverhalt hinausgehen, interessieren vermutlich Danas Großmutter, welche nicht?
  a. Lege in deinem Heft eine Tabelle an.
  b. Trage die Einzelheiten in die Tabelle ein.
     Tipp: Du kannst auch Fragen aus der Randspalte benutzen.

❹ Schreibe nun den Brief an Danas Großmutter in dein Heft. Denke dabei an die Anrede und die Grußformel am Schluss.

Starthilfe

Das wird Danas Großmutter interessieren	Das wird Danas Großmutter weniger interessieren
Warum war Dana nicht in der Schule? ...	Welche Haarfarbe ...

[1] der Adressat, die Adressatin: jemand, für den etwas bestimmt ist.
[2] der POM: der Polizeiobermeister.

TRAINING SCHREIBEN **Adressatenbezogenes Schreiben**

Der Praktikumsbericht

Ein Betriebspraktikum ist eine Unterrichtsveranstaltung. Daher muss Dana über ihr Praktikum in der Anwaltskanzlei eine Praktikumsmappe mit Tagesberichten, ausführlichen Berichten über besondere Ereignisse, Vorgangsbeschreibungen und vieles mehr anfertigen.

> Bei unterschiedlichen Adressaten eines Berichts ändern sich nicht die Tatsachen, aber die Schwerpunkte des Berichts werden verschieden gesetzt.

❶ Für wen fertigst du deine Praktikumsmappe sinnvollerweise an?
Mache dir Gedanken darüber.
Notiere deine Gedanken in Stichworten.
Tipp: Die Hinweise in der Randspalte können dir vielleicht helfen.

_____

_____

_____

_____

Mögliche Adressaten meiner Praktikumsberichte:

Ich schreibe

für mich, als Erinnerung an mein Praktikum,

für meinen Lehrer oder meine Lehrerin, damit er oder sie wissen, dass ich genug gearbeitet habe,

für meine Eltern, damit sie endlich begreifen, dass ich schon fast erwachsen bin,

für die Ausbildenden in meinem Praktikumsbetrieb, damit sie mich nicht vergessen,

für meinen Freund oder meine Freundin als Geburtstagsgeschenk,

für Oma, damit sie was zu lesen hat,

für mich, damit ich keine schlechte Zensur bekomme.

Eine häufige Form des Tagesberichts ist der tabellarische Tagesbericht. Er enthält genaue Zeitangaben und gibt in Stichworten wieder, was zu den verschiedenen Zeitpunkten Wichtiges vorgefallen ist.
In der ersten Zeile werden der Wochentag und das Datum angegeben.

❷ Danas tabellarischer Tagesbericht vom 6. Praktikumstag ist noch nicht vollständig.
a. Ergänze auf der Seite 29 in der rechten Spalte des Tagesberichts die Ereignisse nach 13:15 Uhr.
Achte auf die richtige Reihenfolge.
b. Ordne den Ereignissen ungefähre Uhrzeiten zu.
Ergänze die ungefähren Uhrzeiten in der linken Spalte.

Tipp: Beachte bei den Tagesberichten:
– während des Praktikums Notizen machen,
– wichtige Zeitangaben direkt notieren,
– die Ereignisse immer am selben Tag aufschreiben.

Uhrzeit	6. Praktikumstag, Montag, 12. Mai 2003
8:00 Uhr	Arbeitsbeginn; wieder Karteikarten nach Alphabet eingeordnet. Post aus Büro Dr. Zank geholt. Weiter Karteikarten geordnet.
8:45 Uhr	Für Frau Rodele, Juliane Winter, Polina und mich Brötchen vom Stadtbäcker geholt, Filtertüten eingekauft, Tassen abgewaschen.
9:30 Uhr	Frühstückspause
9:45 Uhr	Abgewaschen, Karteikarten nach Alphabet eingeordnet
10:45 Uhr	Post auf der Briefwaage gewogen, Briefmarken auf ausgehende Post geklebt. Gerichtspost von anderer Post getrennt.
12:15 Uhr	Mit Gerichtspost losgegangen.
13:00 Uhr	Beim Gerichtsgebäude angekommen.

Adressatenbezogenes Schreiben TRAINING SCHREIBEN

13:15 Uhr	Aus dem Gerichtsgebäude gegangen.
13:40 Uhr	zur Polizeiwache
14:35 Uhr	Thorsten telefoniert
16:05 Uhr	Wieder bei Zank
17:00 Uhr	Feierabend!

Adressaten deines Berichts für die Praktikumsmappe sind in erster Linie dein Lehrer, deine Lehrerin und die Ausbildenden.

③ Welche Informationen zu dem Ereignis interessieren die Adressaten deines Praktikumsberichts, welche nicht?
Schreibe die Informationen in Stichworten auf einen Notizzettel.
Die Wortgruppen in der Randspalte helfen dir.

Ereignis genau beschreiben

Gründe für meinen Gang zur Polizei darstellen

Nicht vergessen: Lob von der Polizei bekommen

Nichts über den süßen Polizisten schreiben – interessiert in der Schule keinen

Erwähnen: Herr Zank hat „Bravo, Mädchen!" gesagt

Danas Praktikumsmappe soll auch einen ausführlichen Bericht über „Ein besonderes Ereignis" enthalten. Sie entscheidet, dass sie über das Ereignis mit den gefundenen Gerichtsakten berichten will.

④ Finde eine geeignete Überschrift für Danas Bericht.
Schreibe sie auf.

Wissenswertes zu „Berichten"
Seite 83

⑤ Schreibe in deinem Heft einen ausführlichen Bericht für Danas Praktikumsmappe.
Schreibe in der Ich-Form.
Beantworte in deinem Bericht unter anderem folgende Fragen:
- Warum ist Dana bei Rechtsanwalt Zank?
- Was muss sie dort tun?
- Warum ist sie im Gerichtsgebäude?
- Wann findet Dana die Akten?
Tipp: Denke beim Schreiben an die Adressaten deines Berichts.

TRAINING SCHREIBEN **Formulare ausfüllen**

Die Schrift: deutliche Großbuchstaben

Die auf Formularen[1] zu verwendende Schrift ist vorgeschrieben: deutliche Großbuchstaben. Bankformulare werden meistens von einer Maschine gelesen. Deshalb musst du deine Handschrift für Formulare ändern und deutliche Großbuchstaben schreiben. Die meisten Lesemaschinen können die Buchstaben, Ziffern und Satzzeichen in der Randspalte lesen.

❶ Schreibe alle Ziffern, Großbuchstaben und Satzzeichen so in die Kästchen, dass eine Lesemaschine sie lesen kann.

❷ Sind dir alle Ziffern, Großbuchstaben und Satzzeichen gelungen? Übe die Zeichen, die dir noch nicht gefallen, noch einmal auf kariertem Papier.

Die Anweisungen verstehen

Die Anweisungen zum Ausfüllen sind knapp gefasst.
Mit diesem Formular kannst du zum Beispiel von deinem Konto Geldbeträge auf andere Konten überweisen. Um es zu verstehen und richtig auszufüllen, musst du einige Fachwörter und Abkürzungen wie Vokabeln lernen.

Fachwörter und Abkürzungen auf Überweisungsformularen:
Kto.
Empfänger
Kontoinhaber
Konto-Nr.
Kreditinstitut
Bankleitzahl (BLZ)
Verwendungszweck
EUR
Filiale

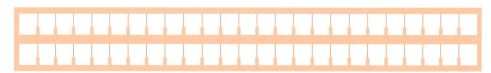

maximal

z. B. Rechnungsnummer, Auftragsnummer

gegebenenfalls

mit je

[1] das Formular: ein (amtlicher) Vordruck; ein Formblatt.

Formulare ausfüllen TRAINING SCHREIBEN

3 Hier findest du Erklärungen für einige Fachwörter und Abkürzungen auf Seite 30.
   a. Zeichne eine Tabelle in dein Heft.
   b. Schreibe die lila hervorgehobenen Fachwörter und Abkürzungen von Seite 30 in die linke Spalte der Tabelle.
   c. Ordne die Erklärungen den Fachwörtern und Abkürzungen zu. Schreibe die Erklärungen in die rechte Spalte der Tabelle.

   Tipp: Begriffe, die du nicht kennst, kannst du in einem Lexikon nachschlagen.

Starthilfe

Fachwort oder Abkürzung	Erklärung
Kto. Empfänger	das Konto ...

Eine Bank oder Sparkasse

Die Person, die das Geld bekommt

Die Person, die das Geld überweist

Eine der vielen Vertretungen der Bank

Die Nummer, unter der die Bank in Deutschland bekannt ist

Das Konto

Die verbreitete Währung in der Europäischen Union (EU), der Euro

Die Anweisungen befolgen

Du hast einen Diskman ersteigert und möchtest das Geld dafür überweisen.

4 a. Du hast bei der Doppel-Klick-Bank die Kontonummer 2 771 101 300. Deine Filiale hat die Bankleitzahl 000 900 30. Trage die fehlenden Angaben in das Formular ein.
   b. Den Diskman hast du im Internet ersteigert.
      Auftragsnummer: 280651   Preis: € 41,– (+ Versandkosten € 3,50)
      Fülle die Zeilen Kunden-Referenznummer/Verwendungszweck und Betrag aus.
   c. Den Diskman verkauft: Beate Notges, Neumünster
      Handelsbank AG, BLZ 212 700 20
      Kto.-Nr. 2 500 342 059
   Vervollständige das Überweisungsformular.

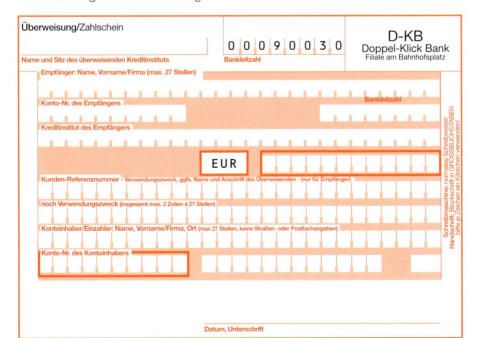

TRAINING SCHREIBEN **Formulare ausfüllen**

Das Kleingedruckte verstehen

Tim will seinen Freund Yasar in Ägypten besuchen. Dazu braucht er ein Visum[1]. Er schickt einen Visumsantrag und auch seinen Reisepass an die ägyptische Botschaft. Damit sein Pass nicht verloren geht, wählt er eine besondere Versendungsart.

Vorderseite des Einlieferungsbelegs

Rückseite des Einlieferungsbelegs, mit der Erklärung der Versendungsarten

① Welche Versendungsarten könnte Tim für seinen Reisepass wählen?
Unterstreiche die geeigneten Versendungsarten auf der Vorderseite des Einlieferungsbelegs.

Nun muss Tim einen Einlieferungsbeleg ausfüllen.

② a. Markiere auf dem Einlieferungsbeleg die Stellen, die Tim ausfüllen muss.
b. Streiche mit Bleistift die Stellen, die die Deutsche Post ausfüllen wird.

③ Auf dem Formular sind Telefonnummern angegeben, unter denen man „Informationen zum Sendungsstatus[2]" erhalten kann. Schreibe in dein Heft, was hier gemeint ist.

④ Fülle jetzt den Einlieferungsbeleg richtig aus.

Empfänger des Reisepasses ist:

Botschaft
der Arabischen Republik
Ägypten
Waldstraße 15
13156 Berlin

[1] das Visum: die Ein- oder Ausreiseerlaubnis (für ein fremdes Land).
[2] der Status: der Zustand.

Formulare ausfüllen TRAINING SCHREIBEN

Formulare am PC ausfüllen

Vielfach ist es möglich, Formulare am PC auszufüllen.
Man muss sich dazu Formulare, zum Beispiel eine Word-Datei, herunterladen,
sie am PC ausfüllen und sie ausdrucken. Dann kann man das Formular
unterschreiben und versenden.

In dieses Formular eines Ausbildungsvertrags der Handelskammer Hamburg
sollen zum Beispiel die Angaben eingetragen werden,
die für den Abschluss des Vertrags notwendig sind.

Antrag auf Eintragung (Seite A-1 von A-2)
in das Verzeichnis der Berufsbildungsverhältnisse
zum nachfolgenden Berufsausbildungsvertrag

(wird von der Kammer ausgefüllt) Stand: April 02
Attest gem. JArbSchuG: Ja/Nein
Arbeitserlaubnis: Ja/Nein
Verkürzungsgrund:
Förderungsantrag

Betriebsnummer 293
Bitte die hinterlegten Felder ausfüllen bzw. ankreuzen
Zwischen dem Ausbildenden (Ausbildungsbetrieb)

Telefon   Fax

Name und Anschrift

und dem Lehrling/Auszubildenden
Name, Vorname   männlich   weiblich

Straße, Hausnummer

PLZ   Ort

Geburtsdatum

Staatsangehörigkeit   Gesetzliche Vertreter   Eltern   Vater   Mutter   Vormund

Namen, Vornamen der gesetzlichen Vertreter

Straße, Hausnummer

PLZ   Ort

Verantwortlicher Ausbilder/verantwortliche Ausbilderin
Ausbildungsberechtigt   Meisterprüfung
☐ Herr   ☐ Frau   geboren am:

Quelle: http://www.hwk-hamburg.de/ausbildung/downloads.php

❶ In dem ersten Teil des Vertragsformulars werden die Angaben über
die Auszubildende oder den Auszubildenden eingetragen.
   a. Trage deine Angaben zunächst auf dieser Seite
      in deutlichen Großbuchstaben ein.
   b. Wenn du einen Internetzugang hast, wähle die oben angegebene Adresse oder
      die Adresse einer anderen Handwerkskammer an.
      Auf dem Bildschirm kannst du die dort grau unterlegten Flächen anklicken und
      dort deine Angaben eintragen.

Manchmal muss ein Datum mit jeweils zwei Ziffern eingetragen werden.
Dabei steht TT für den Tag, MM für den Monat und JJ für das Jahr.

Das Datum 25. Januar 1987 wird dann so geschrieben:

TT	MM	JJ
25	01	87

❷ Trage die folgenden Daten in der Randspalte richtig ein:
   – in die erste Tabelle das Datum 10. Juli 2003,
   – in die zweite Tabelle dein Geburtsdatum.

TT	MM	JJ

TT	MM	JJ

TRAINING SCHREIBEN **Formulare ausfüllen**

Das Formular hat einen Ausbildungsvertrag zum Inhalt.
Deshalb finden sich im Formulartext Fachwörter
zum Thema Ausbildung und Beruf.

3 Schreibe auf, was die folgenden Fachwörter bedeuten.
Tipp: Wenn du dir nicht sicher bist, was gemeint ist, benutze ein Wörterbuch,
ein Lexikon oder erkundige dich im Berufsinformationszentrum
des Arbeitsamtes (BIZ).

der/die Ausbildende: _____

die Ausbildungsordnung: _____

das Berufsausbildungsverhältnis: _____

_____

der Betriebssitz: _____

die Ausbildungsmaßnahmen: _____

_____

die Ausbildungsstätte: _____

die Vergütung: _____

brutto: _____

der Werktag: _____

der Arbeitstag: _____

der Urlaubsanspruch: _____

_____

> JASchG[1]:
>
> Der Jugendliche darf höchstens arbeiten:
> – 8 Stunden täglich
> – 40 Stunden wöchentlich
> – 5 Tage in der Woche
> – nicht am Sonnabend
> – nicht an Sonn- und Feiertagen
> – Zwischen Feierabend und Arbeitsbeginn müssen mindestens 12 Stunden liegen.

> JASchG:
>
> Der Jahresurlaub beträgt:
> v. v. 16. LJ[2]: 30 Arbeitstage
> v. v. 17. LJ: 27 Arbeitstage
> v. v. 18. LJ: 25 Arbeitstage

> JASchG:
>
> Ein Jugendlicher darf nur zwischen 6 und 20 Uhr arbeiten.

[1] JASchG: Dieses Gesetz ist für alle verbindlich. Allerdings hat der Gesetzgeber (Bundestag und Bundesrat) schon im Gesetzestext Ausnahmen zugelassen: Diese gelten vor allem für Betriebe der Landwirtschaft und des Bergbaus, in der Tierhaltung, für Betriebe mit Restauration, Bäckereien und Schichtbetriebe.
[2] v. v. LJ.: vor vollendetem Lebensjahr.

Formulare ausfüllen TRAINING SCHREIBEN

Im unteren Teil des Vertragsformulars sind mit den Großbuchstaben A bis H acht verschiedene Abschnitte gekennzeichnet.
In diesem Formular wurden beispielhaft die Angaben für den Auszubildenden Johannes B. übernommen, der Damenschneider werden will.

A Die Ausbildungsdauer beträgt nach der Ausbildungsordnung
[3] Jahre:
Eine Verkürzung der Ausbildungsdauer wird beantragt auf Grund
`entfällt`

um [ ] Monat
Das Berufsausbildungsverhältnis (TT.MM.JJ):
beginnt am `01.08.03` und endet am `31.07.06`.

B Die Probezeit beträgt [3] Monate*).

*) Die Probezeit muss mindestens 1 Monat und darf höchstens 3 Monate betragen.

C Die Ausbildung findet vorbehaltlich der Regelungen nach **D** in
`Fa. Wichern & Soehne - Schneiderei`
`Horner Weg 164`
`22111 Hamburg`
und den mit dem Betriebssitz für die Ausbildung üblicherweise zusammenhängenden Bau-, Montage- und sonstigen Arbeitsstellen statt.

D Die Ausbildungsmaßnahmen (mit Zeitraumangabe und Ort) außerhalb der Ausbildungsstätte
`Lehrgang „Historische Kostüme",`
`11.-22. Oktober 2004, Deutsches Schauspielhaus,`
`Hamburg, Theaterschneiderei Kirchenallee`

E Der Ausbildende zahlt dem Lehrling/Auszubildenden eine angemessene Vergütung, diese beträgt zurzeit monatlich brutto:

EUR	165,-	194,-	231,-	--
	im ersten	im zweiten	im dritten	im vierten

Ausbildungsjahr.
Soweit Vergütungen tariflich geregelt sind, gelten mindestens die tariflichen Sätze.

F Die regelmäßige tägliche Ausbildungszeit beträgt [8] Std.[1]

G Der Ausbildende gewährt dem Lehrling/Auszubildenden Urlaub nach den geltenden Bestimmungen, z. Z. folgender Urlaubsanspruch:

im Jahr ...	2003	2004	2005	2006	2007
Werktage	11	26	24	14	
Arbeitstage					

H Hinweis auf anzuwendende Traifverträge und Betriebsvereinbarungen: sonstige Vereinbarungen
`Die für diesen Vertrag geltenden Tarifverträge`
`und Betriebsvereinbarungen sind in der Anlage`
`verzeichnet.`

Die Richtigkeit und Vollständigkeit der gemachten Angaben wird bestätigt.

_____
Ort   Datum

_____
Unterschrift des Auszubildenden

4 Beantworte die folgenden Fragen zu dem Ausbildungsvertrag von Johannes B. Schreibe die Antworten auf die Linien.

Wie lange ist die Zeit, in der der Ausbildungsbetrieb und Johannes B. ohne Angabe von Gründen kündigen können (Probezeit)?

_____

An welchem Tag beginnt das zweite Ausbildungsjahr von Johannes B.?

_____

Wann soll er einen Lehrgang außerhalb seiner Schneiderwerkstatt besuchen?

_____

Weshalb bekommt Johannes B. in den Jahren 2003 und 2006 weniger Tage Urlaub als in den Jahren 2004 und 2005?

_____

[1] Std.: die Abkürzung für die Stunde(n).

TRAINING SCHREIBEN **Stellenanzeigen erschließen**

Ausbildungsplätze frei!

Du suchst einen geeigneten Ausbildungsplatz.
Mit Hilfe der folgenden Tipps kannst du Stellenanzeigen lesen und auswerten.

Für welchen Beruf wird man ausgebildet?

_____

_____

_____

Wo wird ausgebildet?

_____

_____

Wann beginnt die Ausbildung
und wie lange dauert sie?

_____

_____

Zur richtigen Zeit am richtigen Ort
Die Basis unseres Erfolges sind unsere Mitarbeiterinnen und Mitarbeiter.

Ausbildungsplätze
zum Brief- und Paketzusteller/zur Brief- und Paketzustellerin

Als moderner Dienstleister benötigt die Deutsche Post ständig neue Fachkräfte für den Einsatz in den Brief- und Fachzentren.
Nutzen Sie Ihre berufliche Chance – wir helfen Ihnen dabei!

Zum 01.09. 2004 suchen wir Auszubildende in einigen unserer Niederlassungen in Hessen und Nordrhein-Westfalen.

Wir bieten Ihnen eine praxisnahe zweijährige Ausbildung mit abwechslungsreichen Aufgaben in den Bereichen
- Transport und Auslieferung von Sendungen,
- Kassenführung und Abrechnung,
- Kundendienst,
- Chancen zur Weiterbildung.

Sie besitzen den Hauptschulabschluss, Freude an praktischer selbstständiger Arbeit und dem Umgang mit Menschen. Sie haben ein gepflegtes Äußeres und sind körperlich fit. Kundenfreundlichkeit und Teamfähigkeit zeichnen Sie aus. Sie sind engagiert und arbeiten eigenverantwortlich.

Ihre Bewerbung mit Lichtbild, Lebenslauf und Kopien der letzten zwei Zeugnisse richten Sie bitte mit Angabe Ihres Wunsch-Ausbildungsortes bis zum 01.12.2003 an:

Tipp 1: Kläre zunächst, welche der angebotenen Stellen überhaupt für dich in Frage kommt.

❶ a. Überfliege die Stellenanzeige.
b. Beantworte die Fragen neben der Stellenanzeige in Stichworten.

Tipp 2: Kläre als Nächstes, welche genauen Informationen über die Ausbildung und über den zukünftigen Beruf die Anzeige enthält.

❷ Beantworte dazu die folgenden Fragen in Stichworten.

Was wird in der Anzeige über die Art der Ausbildung gesagt? _____

_____

_____

Was sind die zukünftigen Tätigkeiten? _____

_____

_____

Stellenanzeigen erschließen TRAINING SCHREIBEN

Tipp 3: Wenn die Angaben nicht ausführlich genug sind, informiere dich zusätzlich. Nutze andere Informationsmaterialien.

> Fachkräfte für Brief- und Frachtverkehr stellen Brief- und Frachtsendungen zu. Sie bereiten die Zustellung von Sendungen an die Kunden vor und liefern sie an diese aus. Nicht zugestellte Sendungen werden von ihnen gelagert oder nachgesandt. Außerdem sorgen sie sich um die Weiterbeförderung von Brief- und Paketsendungen mit Zügen, Kraftfahrzeugen, Schiffen oder Flugzeugen. Dabei sind sie mit der Verteilung, Verladung, Übergabe und Übernahme der Briefe und Pakete beschäftigt. Sie nehmen auch Einzahlungen und Auszahlungen vor und führen die dazu notwendigen Abrechnungen durch.
>
> Fachkräfte für Brief- und Frachtverkehr arbeiten im Bereich der Postunternehmen oder bei Kurier-, Express- und Paketdiensten. Dort sind sie an Postschaltern, in Brief- und Frachtverteilerzentren oder in den Zustellbezirken tätig. Je nach Einsatzbereichen sind sie in Postschalterräumen sowie im Freien (Außendienst) beschäftigt.
>
> Nach dem Abschluss der Ausbildung zur Fachkraft für Brief- und Frachtverkehr kann in einer zweiten Ausbildungsstufe nach einem Jahr der Abschluss Postverkehrskaufmann/-kauffrau erworben werden.

Nähere Informationen über Ausbildungsberufe erhältst du in „Beruf aktuell", in den „Blättern zur Berufskunde" und im Berufsinformationszentrum (BIZ).

3 Markiere die näheren Angaben zur Ausbildung und zum zukünftigen Beruf:
- die Angaben zu Transport und Auslieferung von Sendungen blau,
- die Angaben zu Kassenführung und Abrechnung grün,
- die Angaben zu den Tätigkeitsbereichen gelb,
- die Angaben zu Weiterbildung lila.

Tipp 4: Kläre, welche Voraussetzungen für die Ausbildung nötig sind.

4 a. Lies noch einmal die Stellenanzeige.
b. Schreibe mit eigenen Worten auf, welches die Voraussetzungen sind.

_____
_____
_____
_____

Checkliste
☐ Bewerbungsschreiben
☐ Kopien der letzten zwei Zeugnisse
☐ Lebenslauf
☐ Foto (größer als Passfoto)
☐ Bescheinigung über Betriebspraktika
☐ Bescheinigung über Aushilfsjobs
☐ Bescheinigung über Teilnahme an VHS-Kursen
☐ _____
☐ _____

Tipp 5: Kläre, welche weiteren Angaben du in deinem Bewerbungsschreiben machen sollst.

5 Schreibe mit eigenen Worten auf, welche Angabe du machen sollst.

_____
_____

6 Welche Bewerbungsunterlagen musst du einreichen?
Kreuze sie in der Checkliste an.

7 Welche weiteren Bewerbungsunterlagen möchtest du beifügen?
a. Kreuze sie in der Checkliste an.
b. Ergänze eventuell die Checkliste.

Wissenswertes zu „Eine Bewerbung schreiben" Seite 83

TRAINING SCHREIBEN ## Zugänge zum Gedicht

Ein Gedicht lesen und verstehen

Der Dichter Rainer Maria Rilke schrieb das Gedicht „Der Panther".

Der Panther
Im Jardin des Plantes, Paris[1]

Sein Blick ist vom Vorübergehn der Stäbe
so müd geworden, dass er nichts mehr hält.
Ihm ist, als ob es tausend Stäbe gäbe
und hinter tausend Stäben keine Welt.

5 Der weiche Gang geschmeidig starker Schritte,
der sich im allerkleinsten Kreise dreht,
ist wie ein Tanz von Kraft um eine Mitte,
in der betäubt ein großer Wille steht.

Nur manchmal schiebt der Vorhang der Pupille
10 sich lautlos auf –. Dann geht ein Bild hinein,
geht durch der Glieder angespannte Stille –
und hört im Herzen auf zu sein.

1 Worum geht es in dem Gedicht?
  a. Sieh dir die Überschrift und das Bild an.
     Tipp: Lies auch die Erklärung für „Jardin des Plantes" in der Fußnote.
  b. Schreibe deine Vermutungen in dein Heft.

2 Lies das Gedicht. Welchen ersten Eindruck macht das Gedicht auf dich, nachdem du es ganz gelesen hast? Schreibe Stichworte in dein Heft.

Rilke schrieb das Gedicht im Jahr 1902, nachdem er dem Panther in seinem Käfig mehr als zehn Stunden lang ruhig zugesehen hatte. Sieh auch du nun genau und in Ruhe hin.

3 Worum geht es in den drei Strophen?
Ordne die Überschriften durch Striche den drei Strophen zu.

Die Augen des Panthers ○   ○ 1. Strophe

Der Blick des Panthers ○   ○ 2. Strophe

Der Gang des Panthers ○   ○ 3. Strophe

[1] Jardin des Plantes, franz.: sprich: Schardén de Plant. Der Jardin des Plantes ist ein Park in Paris. Innerhalb des Parks gibt es einen Zoo.

Zugänge zum Gedicht TRAINING SCHREIBEN

4 a. Schreibe den Inhalt jeder Strophe in kurzen Sätzen in dein Heft.
   – Verwende dazu die Wörter und Wortgruppen aus der Randspalte.
   – Du kannst aber auch selbst formulieren.
b. Schreibe über jede Strophe die passende Überschrift.

Du erfährst in Rilkes Gedicht nur sehr wenig über das Äußere des Wildtiers.

5 Was erfährst du über das Äußere des Panthers?
a. Lies in der zweiten Strophe nach.
b. Schreibe den entsprechenden Vers auf.

| 1000 Stäbe |
| betäubt |
| dreht sich |
| erreicht seine Gefühle nicht |
| öffnen sich manchmal |
| hat immer das Gleiche vor Augen |
| im Kreis |
| müde geworden |
| Schritte eines wilden Raubtiers |
| sein eigentliches Wesen |
| sieht |
| sieht die Welt nicht |
| tanzt |
| ziehen vorüber |

In der ersten Strophe wird deutlich, dass der Panther in einem Käfig im Zoo lebt.

6 An welchen Wörtern in der ersten Strophe kannst du erkennen, dass der Panther in einem Käfig lebt?
Unterstreiche die fünf Wörter im Gedicht.

7 Beschreibe in einem Satz, was die Stäbe eines Käfigs für ein Lebewesen bedeuten.

In der zweiten Strophe beschreiben Adjektive sowohl das gefangene Tier als auch das wilde Tier näher.

8 a. Unterstreiche die Adjektive in der zweiten Strophe.
b. Ordne die Adjektive dem gefangenen Tier und dem wilden Tier zu.

das gefangene Tier: _____

das wilde Tier: _____

Die Verben in dem Gedicht sagen etwas aus über Bewegung und Stillstand.

9 Unterstreiche in der zweiten und dritten Strophe des Gedichts die Verben.
a. Schreibe die Verben noch einmal der Reihe nach für jede der beiden Strophen auf.
b. Unterstreiche die Verben, die die Bewegung des Panthers ausdrücken, in einer Farbe.
Unterstreiche die Verben, die Stillstand ausdrücken, in einer anderen Farbe.

2. Strophe: _____

3. Strophe: _____ ... auf

TRAINING SCHREIBEN   **Zugänge zum Gedicht**

Paarreim:	
... Land	a
... Sand	a
... Bäume	b
... Räume	b

Kreuzreim:	
... Land	c
... Bäume	d
... Sand	c
... Räume	d

Bewegung und Stillstand werden auch durch die Form des Gedichts deutlich. Sieh dir zunächst die Reimform an.

10 Welche Reimform hat Rilke gewählt?
     a. Verbinde im Gedicht auf Seite 38 jeweils die Reimwörter.
     b. Schreibe auf, um welche Reimform es sich in Rilkes Gedicht handelt.

_____

11 Male die Abdrücke der Tatzen passend zur Reimform farbig an.

Sieh dir nun die einzelnen Verse des Gedichts an.

12 Wie viele Silben haben die einzelnen Verse?
     a. Zähle die Silben in jedem Vers.
     b. Schreibe die Zahlen in die Kreise vor jedem Vers.
     c. Schreibe auf, welche Besonderheit es im letzten Vers der dritten Strophe gibt.

_____

     d. Warum hat der Dichter diese Besonderheit gewählt?
        Schreibe deine Vermutung auf.
        Tipp: Lies dazu noch einmal die letzten drei Verse der dritten Strophe.

_____

_____

Denke nun über das Bild nach, das in Zeile 10 erwähnt wird.

die Freiheit
die Welt
ein Leben ohne Gitter
...

13 Wie könnte das Bild aussehen?
Schreibe deine Vermutungen in Stichworten auf.
Die Wörter in der Randspalte helfen dir.

ein Bild von _____

Wenn die Überschrift nicht wäre, wüsstest du nicht unbedingt, dass es sich im Gedicht um einen Panther handelt. Man könnte das Gedicht zum Beispiel auch auf Menschen übertragen.

14 Was könnte das Gedicht in Bezug auf Menschen bedeuten?
Schreibe deine Vermutungen in Stichworten auf.

_____

_____

Zugänge zum Gedicht TRAINING SCHREIBEN

Zu einem Gedicht schreiben

Nun kannst du deine Erkenntnisse zur Bedeutung des Gedichts „Der Panther" von Rainer Maria Rilke schriftlich zusammenfassen. Gehe dabei Schritt für Schritt vor.

1 Schreibe in dein Heft.
  a. Schreibe in der Einleitung,
    – wie die Überschrift des Gedichtes lautet,
    – wer das Gedicht schrieb,
    – wann der Dichter das Gedicht geschrieben hat,
    – welcher Ort in dem Gedicht angegeben ist.
  b. Beschreibe im Hauptteil, worum es in den einzelnen Strophen geht.
    – Beschreibe zunächst das Sichtbare.
    – Beschreibe dann, welche andere Bedeutung dahintersteckt.
    – Verwende auch die Ergebnisse aus den Aufgaben zur Form des Gedichts.
  c. Schreibe zum Schluss, was deine Meinung zu dem Gedicht ist.

Du kannst die Bedeutung des Gedichts auch in einem Bild sichtbar machen.

2 Schreibe die zweite Strophe des Gedichts in der Spirale auf.
Schreibe auf jede kleine Linie einen Buchstaben oder ein Satzzeichen.
Tipp: Lasse nach jedem Wort oder Komma eine kleine Linie frei.

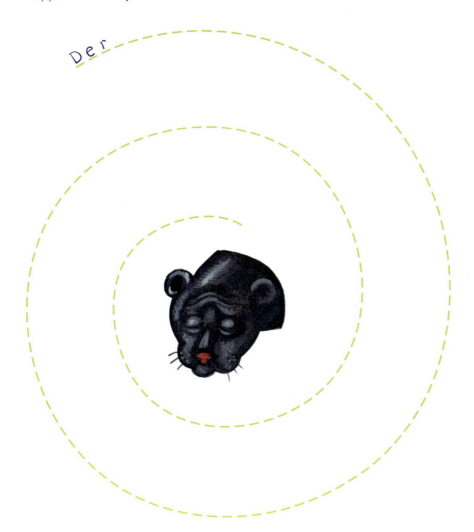

41

TRAINING RECHTSCHREIBEN **Doppelkonsonanten**

Wasserleitungen aus Gusseisen

> Nach einem kurz gesprochenen Vokal folgt ein doppelter Konsonant.

In vielen Wörtern kommt der Doppelkonsonant **ss** vor, zum Beispiel auch in Wörtern aus dem Berufsfeld Bautechnik.

Die Aufgaben eines Rohrleitungsbauers

Menschen mit dem Beruf Rohrleitungsbauer oder Rohrleitungsbauerin haben intere̤ssante Aufgaben. Sie müssen Rohre aus Stahl oder Gusseisen zu Wasserleitungen, Gasleitungen und Erdölleitungen montieren. Dabei ist die Baugrubenentwässerung eine wichtige Aufgabe, die zuverlässig erledigt werden muss. Experten messen hierfür den Grundwasserspiegel. Die Arbeit der Rohrleitungsbauer/innen beginnt schon, wenn der Rohrgraben ausgehoben wird. Sie lassen den Untergrund nicht aus den Augen, um die Stabilität zu prüfen. Sind die Rohre verlegt, passt der Vorarbeiter gut auf, denn die Dichtigkeit muss kontrolliert werden. Gerade bei Reparaturen wurden schon oft Arbeiter nass. Dann muss der Rohrschlüssel sofort in Aktion treten. Beim späteren Auffüllen der Rohrgräben wissen die Rohrleitungsbauer/innen, wie wichtig es ist, die Verteilung der Bodenmassen zu überwachen.

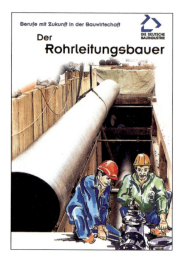

❶ Der Text enthält Wörter mit dem Doppelkonsonanten **ss**.
   a. Unterstreiche die Doppelkonsonanten **ss**.
   b. Setze unter den kurzen Vokal vor den Doppelkonsonanten einen Punkt.

❷ Ordne die Wörter nach ihren Wortarten und trage sie in die Tabelle ein. Denke bei den Nomen an die Artikel.

Nomen	Verben	Adjektive

Doppelkonsonanten TRAINING RECHTSCHREIBEN

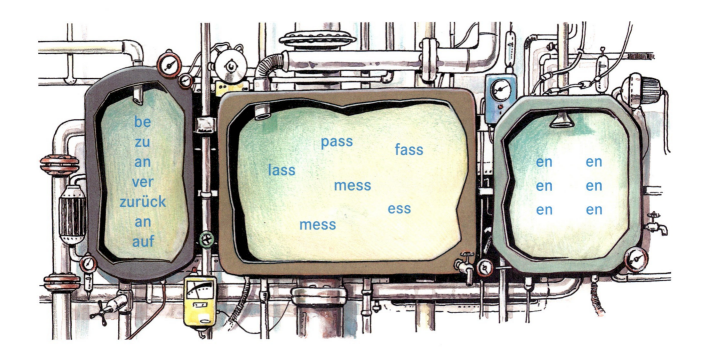

3 In den drei Wasserbehältern befinden sich Wortbausteine und Endungen.
   a. Zeichne eine Tabelle in dein Heft.
   b. Bilde aus den Wortbausteinen und den Endungen Verben im Infinitiv. Schreibe die Verben in die linke Spalte der Tabelle.
   c. Schreibe in die rechte Spalte Verbformen im Präsens.

Starthilfe

Infinitiv	Präsens
…	er … sie …

Informationen über Rohrleitungen

Rohrleitungsbauer und Rohrleitungsbauerinnen lernen auch viel über

die Haus- und Grundstücksentwässerung. Zum Beispiel Folgendes:

Der Verlauf der Bodenrohrleitungen _____ sich aus

der Grundrisszeichnung des Kellergeschosses ablesen. Eine Hauptleitung

_____ im Durchschnitt 150 mm. Nebenleitungen _____

ca. 125 mm. Eine Rohrleitung _____ möglichst gradlinig verlaufen.

Mit den Anschlüssen an Straßenkanäle _____ sich ein von

der Gemeinde zugelassenes Unternehmen.

befassen
lassen
messen
müssen
messen

4 Der Text enthält Wörter mit den Doppelkonsonanten **ss**. Allerdings fehlen noch einige Verben.
   a. Wähle passende Verben aus der Randspalte. Schreibe die richtigen Verbformen in die Lücken.
   b. Unterstreiche alle Doppelkonsonanten **ss**.
   c. Setze unter den kurzen Vokal vor den Doppelkonsonanten einen Punkt.

TRAINING RECHTSCHREIBEN **das und dass**

In der Kraftfahrzeug-Werkstatt

Heute ist in der Kraftfahrzeug-Werkstatt sehr viel los.

Herr Kortas muss gleich das Auto, das noch im Hof steht, auf die Hebebühne fahren. Er holt den Schlüssel für das Auto aus dem Büro. Dann schiebt Herr Kortas das Werkstatttor, das manchmal klemmt, ganz auf. Vorsichtig lenkt er den Wagen auf die Hebebühne.

> Vor einem Relativsatz, der mit das eingeleitet wird, steht ein Komma.

1 Zwei Satzgefüge des Textes enthalten einen Nebensatz, der mit dem Relativpronomen **das** eingeleitet wird.
   a. Unterstreiche die beiden Satzgefüge.
   b. Schreibe die Satzgefüge auf.
   c. Umkreise das Relativpronomen **das**.
   d. Markiere das Komma vor dem Relativpronomen.
   e. Unterstreiche das Nomen, auf das sich das Relativpronomen **das** bezieht.

Kenan ist ein Auszubildender bei Herrn Kortas.
Er wird in der Werkstatt gründlich angeleitet.

Endlich steht das Auto auf der Hebebühne. Herr Kortas möchte, dass Kenan die Zündung überprüft. Kenan weiß, dass er bei Eingriffen in die Zündanlage die Zündung ausschalten muss. Außerdem darf er bei laufendem Motor keine spannungsführenden Bauteile berühren. Kenan hofft, dass er bei der Arbeit daran denkt.

> Der dass-Satz wird durch Komma vom Hauptsatz abgetrennt.

2 Der Text enthält drei Satzgefüge mit **dass**-Sätzen.
   a. Unterstreiche die drei Satzgefüge.
   b. Schreibe die Satzgefüge auf.
   c. Umkreise das **dass**.
   d. Markiere das Komma vor dem **dass**.
   e. Unterstreiche das Verb vor jedem Komma.

das und dass TRAINING RECHTSCHREIBEN

In den beiden folgenden Texten müssen die Nebensätze
mit das oder dass beginnen.

3 Welches Wort musst du einsetzen: das oder dass?
   a. Mache zunächst die Probe. Versuche, dieses oder welches einzusetzen.
      Wenn du eins der beiden Wörter einsetzen kannst, schreibe das.
      Wenn du keins der beiden Wörter einsetzen kannst, schreibe dass.
   b. Markiere alle Kommas farbig.
   c. Unterstreiche bei den das-Sätzen die Nomen, auf die sie sich beziehen, blau.
   d. Unterstreiche bei den dass-Sätzen die Verben vor den Kommas grün.

Telematik gegen den Stau

Experten warnen, _____ sich die Anzahl der Autos noch weiter erhöhen wird. Sie erklären, _____ auch der Schwerlastverkehr noch zunehmen wird. Jetzt wurde ein System entwickelt, _____ mit Hilfe von Satelliten den Autofahrern die Staus direkt meldet. Es handelt sich um das so genannte Telematiksystem, _____ in Amerika schon seit längerem getestet wurde. Telematik ist ein Wort, _____ sich aus den Wörtern Telekommunikation und Informatik zusammensetzt. Schon heute gibt es das intelligente Auto, _____ Unfälle meldet und Umleitungen nennt. Automobilclubs fordern schon seit längerem, _____ alle Neuwagen mit einem solchen Gerät ausgestattet werden sollen. So erreicht man, _____ Verkehrswege besser genutzt werden. Auch jedes Polizeiauto, _____ neu angeschafft wird, soll mit dem Telematiksystem ausgerüstet werden.

Tipp: Nach Hauptsätzen
wie
Ich denke, ...
Ich hoffe, ...
Ich weiß, ...
folgt immer dass.

LKWs und Telematik

Schon lange wird auch für LKWs ein Verkehrsleitsystem gefordert, _____ die Verkehrswege ideal nutzt. Experten hoffen, _____ so LKWs mit einem geringeren Sicherheitsabstand hintereinanderfahren können. Ein Computerprogramm, _____ Tempo und Abstand steuert, wird gerade erprobt. Auch die Automobilclubs meinen, _____ auf diese Art Unfälle aus Übermüdungsgründen vermieden werden können.

TRAINING RECHTSCHREIBEN **Großschreibung der höflichen Anrede**

Dieser Brief ist für Sie!

Das Anredepronomen Sie und alle dazugehörigen Formen werden großgeschrieben.

Wissenswertes zu „Einen offiziellen Brief schreiben" Seite 84

❶ Der folgende Brief ist ein Antwortschreiben auf eine Bewerbung.
Gestalte den Brief auf einem sauberen Blatt Papier.
Ergänze dabei die fehlenden Anredepronomen.
Vorschläge findest du in der Randpalte.
Die Punkte zeigen dir, wo du Leerzeilen einfügen musst.

**Sie
Ihnen
Ihr
Ihrer
Ihre
Ihnen
Ihrerseits
Ihretwegen
Ihren
Ihrem**

```
Eisenreich Metallbau GmbH           18.10.03
Personalabteilung
Industriestr. 10
59494 Soest
.
.
.
Martina Müller
Bahnhofstr. 6
59494 Soest
.
.
            _____ Bewerbung um einen Ausbildungsplatz
.
Sehr geehrte Frau Müller,
vielen Dank für _____ Bewerbung. Wir laden _____ zu
einem Vorstellungsgespräch ein. Bitte kommen _____ am 17.11.03
um 10:00 Uhr in unsere Personalabteilung. Unser Personalleiter
wird _____ all _____ Fragen beantworten können.
.
Mit freundlichen Grüßen
.
A. Friedrich
(Personalabteilung)
```

❷ Auch die folgenden Sätze stammen aus offiziellen Briefen.
a. Schreibe passende Anredepronomen in die Lücken.
b. Schreibe die Sätze noch einmal in dein Heft.

Ich lade _____ und _____ Begleitung zu unserem Betriebsausflug ein.

Falls _____ Bedenken gegen eine Lieferung haben, teilen _____ uns dies bitte unverzüglich mit.

Leider müssen wir _____ mitteilen, dass wir _____ Sohn keine weitere Beschäftigung anbieten können.

Wir können für _____ leider keine Ausnahme machen.

Es ist damit zu rechnen, dass wir _____ Tochter den Ausbildungsplatz geben können.

Auf _____ Antrag hin gewähren wir eine einmalige Beihilfe.

Wir müssen _____ Kindern das Betreten des Geländes aus Sicherheitsgründen verbieten.

Bitte haben _____ Verständnis für diese Maßnahme.

Groß- und Kleinschreibung TRAINING RECHTSCHREIBEN

Ein Praktikum in der Tierklinik

Jana macht ihr Praktikum in einer Tierklinik. Sie arbeitet gern dort.

> Aus Verben können Nomen werden. Die starken Wörter beim, zum, im, am, vom und das machen's.

1 In den Sätzen fehlen Nomen.
Bilde aus den hervorgehobenen Verben Nomen.
Schreibe die neuen Nomen in die Lücken.

Jana muss in der Tierklinik häufig telefonieren. Dabei macht Sie sich Notizen,

damit sie nichts vergisst.

Sie macht sich beim Telefonieren Notizen.

Jana darf dabei helfen, die Tiere zu beruhigen.

Jana hilft beim _____ der Tiere.

Manchmal muss sie die Tiere mit Flohpulver einreiben.

Davon bekommt sie weiße Hände.

Jana bekommt vom _____ weiße Hände.

Es ist wichtig, die Instrumente zu reinigen.

Jana lernt das _____ der Instrumente.

Abends ist Jana sehr müde. Sie hat dann oft keine Lust mehr fernzusehen.

Abends hat Jana zum _____ oft keine Lust mehr.

2 Auch in den folgenden Sätzen fehlen Nomen.
Bilde aus den Verben in der Randspalte Nomen.
Schreibe sie mit einem passenden starken Wort in die Lücken.

Bei Wellensittichen übt sie das Schneiden des Schnabels.

Gerne hilft sie _____ von Katzenbabys.

Sie holt die Spritze _____ der Hunde.

Auch _____ des Behandlungstisches

gehört zu ihrer Arbeit.

Sie lernt _____ von Maulkörben.

Sie weiß jetzt, dass man _____ von Zecken eine Zange

benutzt.

> impfen
> reinigen
> entfernen
> ~~schneiden~~
> wiegen
> anlegen

47

TRAINING RECHTSCHREIBEN **Groß- und Kleinschreibung**

Am folgenden Text kannst du die Groß- und Kleinschreibung üben.

3 a. Unterstreiche im folgenden Text die starken Wörter lila.
   b. Unterstreiche die Verben, die zu Nomen wurden, blau.
   c. Schreibe den Text auf.
      Beachte dabei die Groß- und Kleinschreibung.

GESTERN DURFTE JANA BEIM OPERIEREN DER TIERE ASSISTIEREN.
FRÜHMORGENS WURDEN DIE TIERE IN DIE KLINIK GEBRACHT.
EIN KLEINER HUND JAULTE BESONDERS. JANA KONNTE
DAS JAULEN KAUM AUSHALTEN UND NAHM IHN ZUM TRÖSTEN
AUF DEN ARM. SIE BRACHTE DIE TIERE ZUM RASIEREN
IN EIN NEBENZIMMER. JANA MERKTE, DASS DAS STREICHELN DIE TIERE
BERUHIGTE. SIE HÖRTEN AUF ZU ZITTERN. AUCH DAS REDEN MIT IHNEN
HALF BEI DER VORBEREITUNG. DENNOCH MUSSTEN DIE TIERE
BEIM SPRITZEN DES BETÄUBUNGSMITTELS GUT FESTGEHALTEN WERDEN.
DANN WURDEN SIE IN DEN OPERATIONSRAUM GEBRACHT. JANA HATTE
SCHON IN DER SCHULE VOM STERILISIEREN DES OPERATIONSBESTECKS
GEHÖRT. NUN MUSSTE SIE DAS DESINFIZIEREN SELBST DURCHFÜHREN.
NUR IM ANREICHEN DER INSTRUMENTE WAR SIE NOCH NICHT SO GEÜBT.
ABER DER TIERARZT BLIEB GEDULDIG.

Groß- und Kleinschreibung   TRAINING RECHTSCHREIBEN

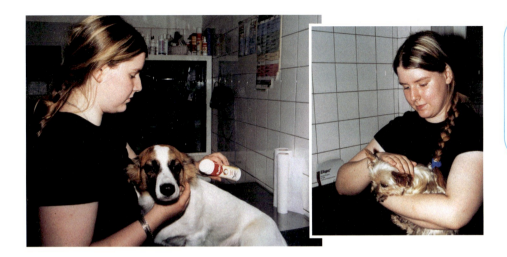

Das Praktikum in der Tierklinik ist zu Ende.
Svenje unterhält sich mit Jana auf dem Schulhof.

> Aus Adjektiven können Nomen werden.
> Die starken Wörter alles, allerlei, etwas, genug, viel, wenig und nichts machen's!

4 a. Bilde aus den Adjektiven in der Randspalte Nomen.
       Schreibe die neuen Nomen in die Lücken.
   b. Unterstreiche die starken Wörter lila.

„Jana, wie war dein Praktikum in der Tierklinik?"

„Ich habe viel Neues gelernt, und auch jeden Tag etwas _____,

zum Beispiel über ansteckende Krankheiten bei Katzen. Ich habe

allerlei _____ erfahren, aber ich musste auch

viel _____ erledigen. Mit den Tieren habe ich

viel _____ erlebt, aber manchmal auch etwas _____.

Zum Glück ist in der ganzen Zeit nichts _____ passiert.

Die Mitarbeiterinnen und Mitarbeiter haben mir beim Abschied

alles _____ gewünscht!"

anstrengend
schlimm
traurig
gut
interessant
schön
~~neu~~
wichtig

5 Bilde aus den starken Wörtern und den Adjektiven in der Randspalte
passende Wortgruppen.
Schreibe sie auf.

Die Politiklehrerin fragt Jana:
„Was hast du in deinem Betriebspraktikum erlebt?"

„Nun, ich zähle mal auf: allerlei Lustiges, nichts _____

_____

viel	negativ
unangenehm	traurig
wenig	~~allerlei~~
~~nichts~~	schön
etwas	~~lustig~~

49

TRAINING RECHTSCHREIBEN **Zeitangaben**

> Nach gestern, heute und morgen werden Tageszeiten großgeschrieben.

> Tageszeiten und Wochentage mit s am Ende werden kleingeschrieben.

Kommst du heute Morgen oder morgen Mittag?

Bei Zeitangaben ist es wichtig, die Großschreibung und die Kleinschreibung zu beachten.

Die Fahrradprüfung
Eigentlich will ich heute Morgen meine Ruhe haben. Schließlich kann ich nur samstags und sonntags ausschlafen. Wenn ich Glück habe! Aber da kommt meine kleine Schwester in mein Zimmer gestürzt.
Sie sagt: „Ole, ich habe morgen Mittag in der Schule Fahrradprüfung. Übst du mit mir?" Ich würde mich am liebsten noch einmal im Bett umdrehen, denn gestern Abend ist es spät geworden. Doch meine Schwester bettelt: „Übe doch mit mir! Ich will morgen Abend die Belohnungsradtour mitmachen können!" Also muss ich wohl heute Mittag mit ihr üben. Und vermutlich auch noch nachmittags und abends. Kleine Schwestern können ganz schön nerven!

❶ Im Text werden mehrere Zeitangaben gemacht.
Unterstreiche sie farbig.

❷ a. Ordne die Zeitangaben in die richtigen Spalten der Tabelle ein.
b. Ergänze die Spalten um weitere Zeitangaben.
Achte dabei auf die Groß- oder Kleinschreibung.

kleingeschrieben (mit s am Ende)	klein- und großgeschrieben

Zeitangaben TRAINING RECHTSCHREIBEN

Ole ist genervt. Er hat jeden Tag mehrere Termine!
Am Dienstag erzählt er in der großen Pause seinem Freund davon.

SEPTEMBER

MONTAG 8
12:00 Zahnarzt
15:30 Judo
19:00 Nachhilfe

DIENSTAG 9
8:00 Mathetest
13:00 Frisör
19:00 Nachhilfe

MITTWOCH 10
15:00 Eis mit Britta
18:30 Fußball

3 Trage die passenden Zeitangaben in die Lücken ein.
Benutze nur Wortgruppen mit gestern, heute oder morgen.
Tipp: Beachte Oles Terminkalender in der Randspalte.

„Schrecklich, gestern Mittag musste ich direkt nach der Schule zum Zahnarzt!

Und _____ hatte ich auch noch Nachhilfe.

Der Nachhilfelehrer kommt _____ noch mal.

Und _____ haben wir gleich um 8:00 Uhr

einen Mathetest geschrieben. Nach der Schule, also _____,

gehe ich zum Frisör. Und das nur, weil ich mit Britta _____

_____ zum Eisessen verabredet bin. Zu dem Stress kommt

noch der Sport: Ich war nämlich _____ zum

ersten Mal beim Judo. Das war ganz schön anstrengend.

Und _____ ist unser großes Fußballspiel

gegen die C-Jugend aus dem Nachbardorf. Wann soll ich eigentlich

noch Hausaufgaben machen?"

morgen Nachmittag

heute Morgen

gestern Abend

Hast du auch solch einen vollen Terminplan?

4 Was hast du gestern Abend gemacht? Was hast du heute Nachmittag vor?
Schreibe ganze Sätze auf. Verwende so viele Zeitangaben wie möglich.

Ich habe gestern Abend

Und heute Nachmittag werde ich

51

TRAINING RECHTSCHREIBEN

Getrenntschreibung/Zusammenschreibung

Tipps für die Getrenntschreibung

Tipp 1: Diese Wortgruppen aus Adjektiv + Verb werden getrennt geschrieben:

falsch machen, geheim halten, treu bleiben, aktiv werden, sauber bleiben, richtig machen, gesund werden, ruhig bleiben, nervös machen, gerade halten, wach halten, stark werden.

1 Ordne die Getrenntschreibungen in die Tabelle ein.

Adjektiv + machen	Adjektiv + halten	Adjektiv + bleiben	Adjektiv + werden

Tipp 2: Gar nicht wird gar nicht zusammengeschrieben.

Dies gilt auch für die folgenden Wortgruppen:
ein bisschen, zu Ende, darüber hinaus, auf einmal, aus Versehen, noch einmal, gar nichts, zu Fuß (gehen), vor allem, nach wie vor.

2 Schreibe passende Wortgruppen in die Lücken.

Morgen habe ich ein Vorstellungsgespräch. Natürlich bin

ich _____ aufgeregt. Zum Glück kann ich die Firma

bequem _____ erreichen. Ich werde noch auf den

Stadtplan schauen, damit ich nicht _____ in eine

falsche Straße einbiege. _____ muss ich pünktlich sein.

Tipp 3: Wortgruppen mit sein werden immer getrennt geschrieben, egal welches Wort vor sein steht.
zufrieden sein, da sein, beisammen sein, fertig sein, an sein, aus sein, vorüber sein, zusammen sein, vorbei sein, gut sein, zurück sein

3 Schreibe passende Wortgruppen in die Lücken.

Meine Praktikumsmappe muss Ende der Woche _____ .

Ich werde darauf achten, dass alle notwendigen Anlagen

_____ werden. Bisher kann ich mit meiner Leistung

_____ . Bald werden ja diese arbeitsreichen Tage

_____ .

Getrenntschreibung/Zusammenschreibung **TRAINING RECHTSCHREIBEN**

Tipps für die Zusammenschreibung

Tipp 1: Aus Wortgruppen werden Wortzusammensetzungen.
Sie werden zusammengeschrieben.

scharf wie ein Messer → messerscharf
mehrere Jahre lang → jahrelang
tätig im Beruf → berufstätig
vor Freude strahlend → freudestrahlend
von Angst erfüllt → angsterfüllt
gegen Hitze beständig → hitzebeständig

1 Sortiere die Wortzusammensetzungen in alphabetischer Reihenfolge.

_____   _____

_____   _____

_____

Tipp 2: Diese Verben werden zusammengeschrieben:

leidtun, eislaufen, nottun, kopfstehen, teilnehmen, stattfinden, standhalten.

2 Schreibe passende Verben in die Lücken.

Die Abschlussprüfung wird am Dienstagmorgen _____.

Ich hoffe, dass ich dem Prüfungsdruck _____ kann.

Es würde mir _____, wenn ich meine Nervosität nicht

abbauen könnte. Ich werde an der Prüfung auf jeden Fall _____.

Tipp 3: Verbindungen aus Adjektiv + Verb müssen zusammengeschrieben
werden, wenn eine andere (übertragene) Bedeutung gemeint ist.

offenbleiben → das Problem konnte nicht gelöst werden
schiefgehen → etwas geht daneben, misslingt
richtigliegen → Recht haben
schlechtmachen → etwas Schlechtes über jemanden verbreiten

3 Schreibe passende Verbindungen aus Adjektiv + Verb in die Lücken.

Es kann sein, dass nach einem Vorstellungsgespräch noch einige Fragen

_____.

In meinem Praktikum wird hoffentlich nichts _____.

Ich habe es satt, dass du mich immer _____ willst.

Ich denke, dass ich mit meiner Vermutung _____.

53

TRAINING RECHTSCHREIBEN # Getrenntschreibung/Zusammenschreibung

Weitere Übungen zur Getrenntschreibung

Das Geheimnis des Erfolges ist die Wiederholung.
Hier findest du weitere Übungen zu den verschiedenen Fällen
der Getrennt- und Zusammenschreibung.

1 Martina ist Auszubildende in einer Boutique.
Sie erzählt ihrer Freundin von ihrer Arbeit.
Vervollständige die Sätze.
  a. Bilde aus den Wörtern in den Kleiderbügeln sinnvolle Wortgruppen
     aus **Adjektiv + Verb** oder **Verb + Verb**.
  b. Schreibe passende Wortgruppen in die Lücken.

Kleiderbügel 1 (grün): geduldig, höflich, wissen, ruhig, freundlich, einkaufen, richtig, schnell

Kleiderbügel 2 (rot): beraten, einräumen, sitzen, wollen, fragen, auszeichnen, gehen, bleiben

„Morgens darf ich die neue Ware auspacken und _____.

Außerdem muss ich die Ware _____. Auch wenn

die Kundinnen unhöflich sind, muss ich _____.

Ich soll die Kunden _____, ob ich ihnen helfen kann.

Wenn sie sich nicht entscheiden können, kann ich sie _____

_____. Ich bin immer auf den Beinen. Höchstens in der Mittagspause

kann ich _____. Manchmal staune ich darüber, was

die Kunden alles _____. Ich glaube, dass manche

Menschen nur _____, um unter Leuten zu sein."

2 Diese Wörter werden immer zusammengeschrieben:
**kopfrechnen, bergsteigen, notlanden, bausparen, vollenden,
langweilen, wettrennen, liebkosen, sonnenbaden, schlussfolgern,
handhaben, vollbringen.**

Ordne die Wörter nach dem Alphabet.

_____

_____

_____

Getrenntschreibung/Zusammenschreibung

TRAINING RECHTSCHREIBEN

Zusammengesetzte Nomen

Aus Wortgruppen kann man zusammengesetzte Nomen bilden.

Nomen	+	Verb		
Gitarre	+	spielen	=	das Gitarrespielen
Verb	+	**Verb**		
baden	+	gehen	=	das Badengehen
Adjektiv	+	**Verb**		
auswendig	+	lernen	=	das Auswendiglernen

> Die starken Wörter beim, zum, im, am, vom und der Artikel das machen Verben zu Nomen.
> Starke Wörter machen auch aus Wortgruppen Nomen.

1 Verwandle mit Hilfe der starken Wörter **das**, **beim** oder **zum** die folgenden Wortgruppen in zusammengesetzte Nomen. Schreibe die zusammengesetzten Nomen mit Artikel auf die Linien.

essen gehen   faul sein   Fußball spielen
Rad fahren   tanzen üben   schnell fahren   Schlittschuh laufen

_____

_____

Im folgenden Text fehlen noch zusammengesetzte Nomen.

Der lange Weg zum Ruhm

Pia nahm gestern Abend an einem Casting-Wettbewerb teil. Sie schaffte es, in die zweite Runde zu kommen. Als Pia am nächsten Morgen aufwachte, war sie nicht ausgeschlafen. „Nach solch einer kurzen Nacht wäre das _____ die beste Lösung!", dachte sie. Aber sie musste aufstehen, um für das nächste Casting zu üben. Kurz darauf steckte ihr Bruder den Kopf zur Tür herein. „Treffen wir uns gleich zum _____ ? Oder sollen wir lieber eine Fahrradtour machen? Dir macht doch das _____ immer Spaß", sagte er. „Am liebsten würde ich schlafen", antwortete Pia. „Doch _____ vom werde ich nicht berühmt." Nachdem sie zwei Stunden lang in ihrem Zimmer immer wieder die gleichen Schritte und Refrains[1] wiederholt hatte, seufzte sie: „Ich habe vom _____ jetzt schon Muskelkater!"

2 Schreibe passende zusammengesetzte Nomen aus Aufgabe 1 in die Lücken.

[1] der Refrain: die regelmäßige Wiederkehr einer Wortgruppe, z. B. in einem Lied.

TRAINING RECHTSCHREIBEN — **Fehleranalyse**

Der Partnertest

Hier kannst du mit einem Partner oder mit einer Partnerin testen,
wie sicher deine Rechtschreibung ist, und deine Fehlerschwerpunkte finden.

Check-up · Check-up · Check-up · Check-up

① Mit **h**/ohne **h** – pass auf!
② Nomen aus Adjektiven: Großschreibung überprüfen!
③ Wörter mit **ie**/**i**/**ih** überprüfen!
④ Nomen mit den Endungen **-ung**, **-keit**, **-heit**, **-nis** beachten!
⑤ Nomen aus Verben: Großschreibung checken!
⑥ Wörter mit **ck**/**k** besonders kontrollieren!
⑦ Wörter mit **ent-**/**end-** unter die Lupe nehmen!
⑧ Schreibung der Tageszeiten unter die Lupe nehmen!
⑨ Wörter mit **äu**/**ä** kontrollieren!
⑩ Wechsel von **ss**/**ß** bei Verben beachten!
⑪ Wörter mit **tz**/**z** genau ansehen!

❶ Schreibt die Wörterlisten als Partnerdiktat.
– Diktiert euch jeden Tag drei Wörter oder Wortgruppen aus jedem der Kästen.
– Schreibt in eure Hefte.
  Lasst über jedem Wort und jeder Wortgruppe eine Zeile frei.
– Das macht ihr so lange, bis jeder von euch alle Wörter und Wortgruppen aufgeschrieben hat.

Maschine öffnen er rannte Gardine Geräusch draußen	ein bisschen heute Nachmittag spazieren nichts Schlimmes häufig heute Abend	beim Lesen schwierig fleißiges Lernen Spaß alles Gute frieren	gestern Morgen etwas Wichtiges gar nicht riesig am Mittwochmorgen das Lernen
Medizin morgen Abend zu Ende beim Betreten erwidern viel Schönes	Gebäude allerlei Kostbares im Rechnen Kontrolle Ehre vielleicht	auf einmal heißen am Freitag grüßen zum Schreiben quietschen	wahrscheinlich Fahrräder etwas Interessantes wenig Neues läuten genug Essbares
Krise stoßen ich weiß Widerstand verlieren intensiv			am Sonntag interessant Wahrheit er vergaß berühmt bloß
er ließ herrschen es gibt es geschah zufällig angenehm	vor allem gestern Vormittag zum Lachen sorgfältig Gewohnheit noch einmal	Schiene spannend er aß laufen lernen kräftig vergessen	darüber hinaus das schnelle Fahren Margarine vom Arbeiten glänzen nichts Besonderes

Tipp: Wenn du die Wörter und Wortgruppen allein zu Hause üben willst, kannst du sie dir selbst auf Kassette diktieren. Hör dir die Wörter und Wortgruppen dann über Kopfhörer an und schreibe sie auf.

Die folgenden Aufgaben bearbeitest du am besten allein, denn es geht um deine persönlichen Fehlerschwerpunkte.

❷ a. Kontrolliere die Wörter und Wortgruppen.
   Vergleiche dazu deine geschriebenen Wörter und Wortgruppen
   mit denen in den Kästen.
b. Schau genau auf den **Wortanfang**, die **Wortmitte** und das **Wortende**.
   Hast du etwas falsch geschrieben?
c. Streiche die fehlerhaften Wörter und Wortgruppen durch und schreibe
   sie richtig darüber.
d. Schreibe die Wörter und Wortgruppen, die du falsch geschrieben hattest,
   nun richtig in die passenden Tabellen auf Seite 57 bis 59.

Fehleranalyse TRAINING RECHTSCHREIBEN

Wörter mit langem **i** ohne **e**

Wörter mit Doppelkonsonanten	

Margarine *spannend*

Wörter mit **ä/äu**

Wörter mit Dehnungs-**h**

Gebäude

Ehre

TRAINING RECHTSCHREIBEN **Fehleranalyse**

Tageszeiten	Wortgruppen: Getrenntschreibung

Wörter mit langem **i** und **e**	Wörter mit **ß**

Fehleranalyse TRAINING RECHTSCHREIBEN

Großschreibung von Verben	Großschreibung von Adjektiven

Nun kannst du erkennen, wo deine persönlichen Fehlerschwerpunkte liegen.
Du musst dazu die Tabellen auswerten.

3 In welcher Tabelle stehen die meisten Wörter und Wortgruppen?
In welcher Tabelle stehen die wenigsten Wörter und Wortgruppen?
  a. Zähle die Wörter in den Tabellen.
  b. Umkreise die Tabelle mit den meisten Wörtern blau.

4 Du kannst auf unterschiedliche Weise üben, deine Fehlerwörter
richtig zu schreiben:
  – Lass dir die Wörter und Wortgruppen immer wieder diktieren.
  – Schreibe die Wörter und Wortgruppen in besonders schöner Schrift
    in dein Heft.
  – Gib einem Partner oder einer Partnerin deine Tabellen mit den Fehlerwörtern.
    Lass ihn oder sie Lückensätze für dich aufschreiben.
    Füge deine Fehlerwörter in die Lückensätze ein.
  – Bilde selbst Sätze mit deinen Fehlerwörtern.

Wissenswertes zu
„Übungsmöglichkeiten"
Seite 85

TRAINING RECHTSCHREIBEN — # Eigendiktate

Mit Texten trainieren

In den folgenden Texten geht es jeweils um einen oder zwei Fehlerschwerpunkte und um eine Zeichensetzungsregel. In den ersten beiden Aufgaben erfährst du, wie du mit den Texten trainieren kannst.

❶ Unter den Texten findest du Aufgaben zu den einzelnen Texten. Bearbeite diese zuerst.

❷ Schreibe die Texte dann als Diktat.
- Du kannst sie als Kassettendiktat schreiben.
- Du kannst sie aber auch als Partnerdiktat schreiben.

Tageszeiten und Wörter mit ß

Ich packe immer abends meine Schultasche. Leider entdeckte ich gestern Abend, dass mein Doppel-Klick-Buch fehlte. Aber ich brauche es doch heute Morgen in der Deutschstunde, weil wir gerade einen Text daraus lesen. Wo ist es bloß? Ich weiß, dass ich das Buch gestern Vormittag im Deutschunterricht noch hatte. Aber mittags nach der letzten Stunde habe ich es meinem Freund aus der Parallelklasse kurz ausgeliehen. Wahrscheinlich vergaß ich, es wieder in meine Schultasche zu packen. Er hat es versehentlich eingesteckt. Vielleicht hat er den Irrtum gestern Abend schon bemerkt, als er seine Tasche packte? Ich werde ihn heute Mittag in der Pause fragen. Schließlich brauche ich das Buch spätestens Donnerstagmorgen in der Deutschstunde.

> **1** Hauptsätze und Nebensätze werden durch Komma voneinander getrennt. Nebensätze beginnen häufig mit den Konjunktionen *als, dass, weil*.

❸ Lies die Merkkästen in den Randspalten von Seite 60 und 61. Welche Zeichensetzungsregel wird im Text oben besonders geübt?

Regel: ☐

❹ Schreibe alle Tageszeiten, die im Text genannt werden, hier auf.

> **2** Man kann Wörter, Satzteile oder ganze Sätze aufzählen. Die Teile einer Aufzählung, die nicht durch *und* oder *oder* verbunden sind, werden durch Komma voneinander getrennt.

❺ a. Markiere im Text alle Wörter mit ß.
b. Schreibe die Wörter auf.

Eigendiktate TRAINING RECHTSCHREIBEN

Großschreibung von Nomen mit den Endungen -ung, -keit, -heit, -nis, -schaft

Ich habe schon seit vielen Jahren eine Brieffreundschaft mit einem Mädchen aus Argentinien. Wir schreiben uns mit Begeisterung auf Englisch lange, ausführliche und lustige Briefe. Wir haben das sprachliche Hindernis gut überwunden. Zuverlässigkeit, Regelmäßigkeit und Freundlichkeit sind bei einer Brieffreundschaft sehr wichtig. Wir haben zwar schon überlegt, E-Mails auszutauschen. Aber die Entscheidung, doch weiter Briefe zu verschicken, ist uns nicht schwergefallen. Unsere Väter sammeln nämlich beide mit großer Leidenschaft Briefmarken. So haben wir eine Lösung gefunden, die zur Zufriedenheit beider Familien sowohl in Deutschland als auch in Argentinien beiträgt.

6 Welche Zeichensetzungsregel wird besonders geübt?

Regel: ☐

7 Schreibe alle Nomen mit -ung, -keit, -heit, -nis, -schaft mit Artikel in dein Heft.

Wörter mit langem i mit oder ohne e

Mein Vater arbeitet in einer Druckerei an der Druckmaschine. Gestern gab es ein Problem mit einem Auftrag. Es fehlte eine ganz bestimmte Druckfarbe. Mein Vater sagte zu seinem Chef: „Der Termin der Auslieferung muss leider verschoben werden, wenn wir nicht kurzfristig die richtige Farbe beschaffen können. Hoffentlich gibt es sie noch." Der Chef erwiderte: „Ich muss den Großhändler anrufen. Ich hoffe, ich stoße auf keinen Widerstand." Widerwillig sagte mein Vater zu seinem Kollegen: „Ich muss vielleicht Überstunden machen, wenn sich die Lieferung verzögert." Aber der Großhändler hatte die Farbe zum Glück auf Lager und sagte eine termingerechte Anlieferung zu. Zufrieden aß mein Vater in der Pause sein Brot mit Margarine und Käse.

8 Welche Zeichensetzungsregel wird besonders geübt?

Regel: ☐

9 a. Markiere alle Wörter mit langem i ohne e grün.
b. Markiere alle Wörter mit ie gelb.
c. Schreibe die Wörter auf.

Wörter mit langem i ohne e: _____

Wörter mit ie: _____

---

3 Vor der wörtlichen Rede steht unten ein Anführungszeichen. Nach der wörtlichen Rede steht oben ein Anführungszeichen.

Der Redebegleitsatz kann auch nach der wörtlichen Rede folgen. Dann steht zwischen der wörtlichen Rede und dem Redebegleitsatz immer ein Komma.

Wissenswertes zu „Übungsmöglichkeiten" Seite 85

TRAINING RECHTSCHREIBEN

Abkürzungen verstehen

Abkürzungen in Kleinanzeigen

Wenn du etwas kaufen willst, kannst du zum Beispiel in den Kleinanzeigen einer Tageszeitung nach einem entsprechenden Angebot suchen.
Der Preis einer Anzeige richtet sich nach ihrem Umfang.
Deswegen enthalten Kleinanzeigen oft Abkürzungen.

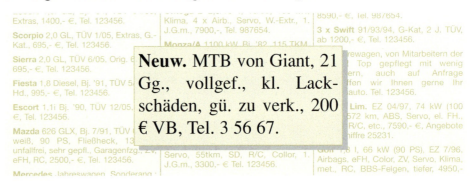

1 Lies die Kleinanzeige durch.
Was soll hier verkauft werden? Schreibe deine Vermutung auf.

2 Hier siehst du noch einmal die Abkürzungen aus der Kleinanzeige.
Verbinde die Abkürzungen mit den passenden Wörtern.

Hinter viele Abkürzungen setzt man einen Punkt:	
Dr.	für Doktor
usw.	für und so weiter
S.	für Seite
bzw.	für beziehungsweise
Abb.	für Abbildung
vgl.	für vergleiche

Bei festgelegten Abkürzungen für Maß- oder Währungseinheiten setzt man keinen Punkt.

kg	für Kilogramm
l	für Liter
m	für Meter
€	für Euro

Wenn du die Bedeutung der Abkürzungen kennst, kannst du die Kleinanzeige verstehen.

3 Schreibe den Kleinanzeigentext ohne Abkürzungen auf.
Ergänze dazu den folgenden Lückentext.

Neuwertiges _____ von Giant, 21 Gänge,

_____ , _____ Lackschäden, günstig

_____ , 200 _____ .

_____ 3 56 67.

Abkürzungen verstehen **TRAINING RECHTSCHREIBEN**

Du willst dein Surfbrett verkaufen und hast dafür einen Kleinanzeigentext verfasst.

```
GUT ERHALTENES SURFBRETT ZU
VERKAUFEN, FÜR ANFÄNGER, 2
METER LANG, 4 JAHRE ALT, MIT
2 SEGELN UND MAST, INKLUSIVE
FAHRRADANHÄNGER, PREIS: VER-
HANDLUNGSBASIS ZIRKA 100 EURO
```

Der Kleinanzeigentext ist für das Formular zu lang.

4 Lies den Text.
Schreibe den Text kürzer auf.
Verwende dabei so viele Abkürzungen aus der Randspalte wie möglich.

Gut erh. Surfbrett

inkl.	J.
VB	erh.
Anf.	€
ca.	verk.
u.	m.
m	Fahrradanh.

Zusätzliche Abkürzungen:

kg	Kilogramm
mind.	mindestens
CD	Compactdisc
ges.	gesucht
PC	Personal Computer
ähnl.	ähnlich
div.	diverse
allg.	allgemein
bes.	besonders
etw.	etwas
gebr.	gebraucht
od.	oder
zus.	zusammen
FP	Festpreis

5 Hier siehst du ein Auftragsformular für eine Kleinanzeige.
Schreibe eine eigene Kleinanzeige, zum Beispiel für einen PC.
Benutze dabei Abkürzungen aus der Randspalte.
Tipp: Schreibe zunächst mit Bleistift.

Preisbeispiel für Kleinanzeigen:

bis 100 Zeichen, inklusive Leerzeichen[1]: 3,00 €

pro weitere 50 Zeichen: 1,50 € zusätzlich

6 Berechne, was deine Kleinanzeige kostet.
Die Preisliste in der Randspalte hilft dir.

Die Anzeige kostet _____ €.

[1] das Leerzeichen: die freie Stelle zwischen zwei Wörtern.

TRAINING RECHTSCHREIBEN

Berufsbezogener Wortschatz

Fachwörter verstehen – Fachwörter üben

In jedem Beruf gibt es Fachwörter. Es ist wichtig, die Bedeutung dieser Fachwörter zu kennen. Auch muss man sie richtig aussprechen und schreiben können. Den Umgang mit Fachwörtern kannst du hier am Berufsfeld der Baustoffkauffrau oder des Baustoffkaufmanns üben.

Schutz vor Feuchtigkeit: Sperrstoffe

Das Fundament eines Hauses

Das Flachdach eines Hauses

Die meisten Bauteile müssen vor eindringender Feuchtigkeit geschützt werden, zum Beispiel das Fundament, das ja die Grundlage eines Hauses ist. Für diesen Schutz benötigt man Sperrstoffe, die meist als Anstrich oder Beschichtung zur Abdichtung eingesetzt werden. Die wichtigsten Sperrstoffe sind Bitumen, Kunststofffolie und Schweißbahnen. Steinkohlenteer ist spröde und säureempfindlich. Er wird daher kaum als Sperrstoff verwendet. Bitumen wird auch Erdpech genannt und ist ein Kohlenwasserstoffgemisch. Es kommt entweder natürlich in Schiefergestein vor oder wird künstlich durch die Destillation von Erdölen gewonnen. Schweißbahnen bestehen aus einem saugfähigen Gewebe, das mit Bitumen getränkt ist. Es wird mit Mineralien beschichtet. Die Schweißbahnen werden an den Kanten erhitzt und dann miteinander verklebt. Schweißbahnen werden vor allem zur Abdichtung waagrechter Flächen verwendet, zum Beispiel bei Flachdächern.

1 a. Unterstreiche die Fachwörter farbig.
b. Schreibe sie im Singular (Einzahl) mit ihren Artikeln auf.

Mit Hilfe der Tipps kannst du dir Fachwörter erschließen.
Einige der Tipps kennst du bereits vom Textknacker.

Tipp: Manche Fachwörter erklären sich aus dem Textzusammenhang.

2 a. Markiere im Text die Stellen,
an denen etwas zu den beiden folgenden Fachwörtern gesagt wird.
b. Schreibe in Stichworten oder in ganzen Sätzen auf,
was die beiden Fachwörter bedeuten.

das Fundament: _____

der Sperrstoff: _____

64

Berufsbezogener Wortschatz   TRAINING RECHTSCHREIBEN

Tipp: Schlage Wörter, die du nicht verstehst, im Lexikon nach.

3 Die Bedeutung der beiden folgenden Fachwörter kannst du nicht aus dem Textzusammenhang erschließen.
  a. Lies in den Lexikonartikeln in der Randspalte nach, was die Fachwörter bedeuten.
  b. Schreibe ihre Bedeutung auf.

Destillation: _____

_____

Mineralien: _____

_____

> **an|or|ga|nisch** nicht durch Lebewesen entstanden, unbelebt; anorganische Chemie
>
> **De|stil|la|ti|on** die *lat.*: das Trennen eines Flüssigkeitsgemischs durch Verdampfen und anschließendes Abkühlen; **de|stil|lie|ren**: destilliertes (gereinigtes) Wasser
>
> **Mi|ne|ral** das *lat.*, die Minerale / Mineralien: anorganischer Bestandteil der Erdrinde; **Mi|ne|ra|lo|gie** die: Wissenschaft von den Mineralien; **Mi|ne|ral|quel|le** die: Quelle, deren Wasser viele Mineralstoffe besitzt; **Mi|ne|ral|stoff** der: anorganisches Salz, das auch künstlich hergestellt werden kann

4 Hast du weitere Wörter nicht verstanden?
  a. Schlage sie im Lexikon nach.
  b. Schreibe sie mit ihrer Bedeutung in dein Heft.

Tipp: Willst du verschiedene Fachwörter aus einem Fachgebiet richtig verstehen und auch verwenden können, mach dir klar, wie sie inhaltlich zusammenhängen.

5 Welcher Sperrstoff ist als Feuchtigkeitsschutz geeignet, welcher eher nicht? Veranschauliche in der Tabelle den inhaltlichen Zusammenhang.

Schweißbahn

Bitumen

Kunststofffolie

als Sperrstoff

geeignet: _____

_____

nicht geeignet: _____

weil: _____

65

TRAINING RECHTSCHREIBEN **Berufsbezogener Wortschatz**

Tipp: Wenn du dir Fachwörter bildlich vorstellst, kannst du sie noch besser behalten.

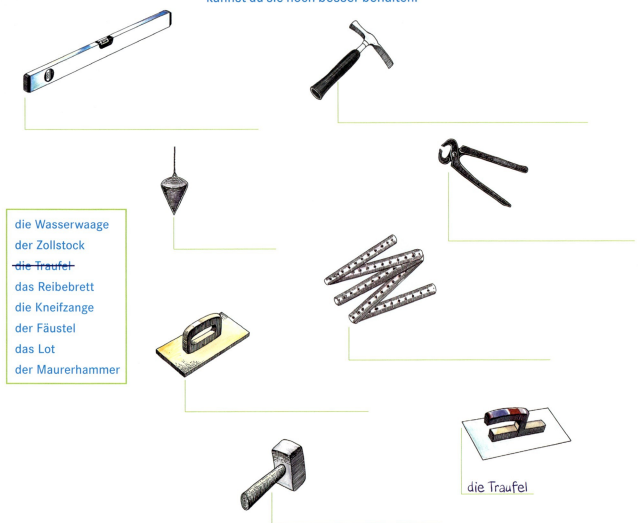

die Wasserwaage
der Zollstock
~~die Traufel~~
das Reibebrett
die Kneifzange
der Fäustel
das Lot
der Maurerhammer

die Traufel

Tipp: In einem so genannten „Bildwörterbuch" sind Fachwörter aus allen Bereichen mit Bildern erklärt.

6 a. Ordne den Bildern die richtigen Fachwörter zu.
Schreibe die Fachwörter mit ihren Artikeln auf die Linien.
Tipp: Schreibe zunächst mit Bleistift.
b. Kontrolliere mit Hilfe des Lösungsheftes.

Im Berufsleben sollte man nicht nur die Bedeutung von Fachwörtern kennen, sondern auch ihre Schreibung und Aussprache beherrschen.

Tipp: Das Geheimnis des Erfolgs ist die Wiederholung.
Je häufiger du ein Wort schreibst, desto besser prägt sich dir die Schreibweise ein.

7 Schreibe die drei Sperrstoffe von Seite 65 mit Artikel auswendig auf.
Denke dabei an die drei Bilder in der Hauptspalte.

Berufsbezogener Wortschatz   TRAINING RECHTSCHREIBEN

8 Welche anderen Fachwörter hast du im Text unterstrichen?
Schreibe sie mit ihren Artikeln noch einmal auf.

_____

_____

_____

Fachwörter können aus Wortbausteinen oder
aus verschiedenen Wörtern zusammengesetzt sein.

Tipp: Untersuche, aus welchen Wortbausteinen beziehungsweise Wörtern
ein Fachwort besteht.
So kannst du dir die Schreibweise besser einprägen.

9 Zerlege die Fachwörter aus der Randspalte in Wortbausteine oder Wörter.

das Zementgemisch   = der Zement + ge + misch(en)

_____

die Kunststofffolie   = die Kunst + der Stoff + die Folie

_____

_____

_____

_____

~~das Zementgemisch~~
der Sperrstoff
der Baukörper
~~die Kunststofffolie~~
der Steinkohlenteer
das Kohlenwasserstoff-
gemisch
das Erdöl
der Turmdrehkran
die Verstrebung

Tipp: Um dir die Aussprache der Fachwörter zu merken,
solltest du sie mehrmals laut lesen.
Lautes Lesen hilft außerdem beim Einprägen der Wörter.

10 a. Schlage in einem Wörterbuch nach, wie die Wörter **Bitumen** und **Destillation**
ausgesprochen werden.
b. Lies den Text von Seite 64 noch einmal laut.

Tipp: Lass dir die Fachwörter diktieren.
So kannst du ihre Schreibung üben.

11 Schreibe den Text von Seite 64 noch einmal als Diktat.
- Lass dir den Text diktieren.
- Oder diktiere dir den Text selbst auf Kassette.
Hör dir die Sätze über Kopfhörer an und schreibe sie auf.

67

TRAINING GRAMMATIK **Wortfamilien**

Die Wortverwandtschaften

Wörter einer Wortfamilie sind miteinander verwandt.
Mit einem Stammbaum kann man darstellen, wie sie zusammengehören.

1 In diesem Stammbaum lernst du die Familie der Wörter mit -bind- (-bund-, -band-) kennen.
Trage die Wörter aus der Randspalte an den richtigen Zweigen ein.

> Wenn du die Wortverwandtschaft zwischen einzelnen Wörtern erkennst, ist dies oft eine Hilfe.
>
> Du verstehst die Bedeutung des verwandten Wortes schneller:
> Armbinde ist mit (ver)binden verwandt.
> Du kannst das verwandte Wort richtig schreiben:
> Verbund ist mit sich (ver)bünden verwandt.

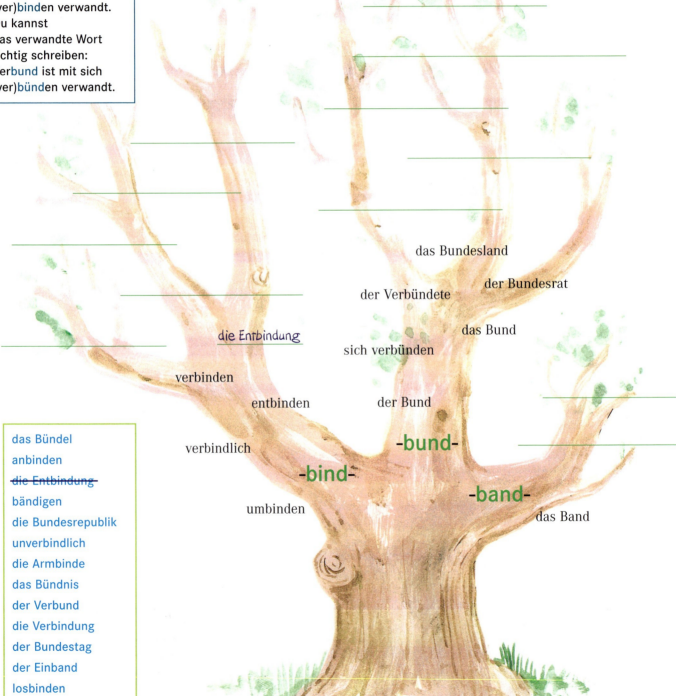

das Bündel
anbinden
~~die Entbindung~~
bändigen
die Bundesrepublik
unverbindlich
die Armbinde
das Bündnis
der Verbund
die Verbindung
der Bundestag
der Einband
losbinden

Wörter am Baum:
das Bundesland
der Verbündete
der Bundesrat
das Bund
sich verbünden
der Bund
die Entbindung
verbinden
entbinden
verbindlich
umbinden
das Band

-bind-
-bund-
-band-

68

Wortfamilien   TRAINING GRAMMATIK

Im folgenden Text fehlen Wörter aus der Familie
mit dem Wortstamm -bind- (-bund-, -band-).

2 Trage die fehlenden Wörter in die Lücken ein.
Die Wörter in der Randspalte helfen dir.

Wo ist das Verbindende?

Was hat ein _____ wie etwa Sachsen oder das Saarland

mit einem _____ Möhren zu tun? Und was haben die beiden

mit der _____, also der Geburt eines Babys, zu tun?

Gibt es etwas Gemeinsames, was alle Wörter der Wortfamilie _____ ?

Ja, es gibt eine solche _____. Sie wird deutlich,

wenn man jedes Wort einzeln betrachtet: Ein _____ Stroh

zum Beispiel wird durch ein Band zusammengehalten, genau wie

das _____ Möhren. Bei der _____ des Babys wird

das _____ zur Mutter durchtrennt: die Nabelschnur.

In Bezug auf die Bundesrepublik bedeutet die Verbindung:

16 Länder bilden ein _____ auf Dauer, den Bund.

Die Länderregierungen schicken ihre Vertreter in das Parlament der Länder,

den _____. Es gibt also viel Gemeinsames, was die Wörter

einer Familie _____. Wenn du diese Wortfamilie kennst,

hast du eine gute Rechtschreibhilfe. Alle Wörter werden mit d geschrieben.

der Bund

das Bund

verbinden (2x)
Bundesland
das Bund (2x)
Entbindung (2x)
Verbindung
das Band
das Bündel
das Bündnis
der Bundesrat

Hier findest du drei Gruppen von Wörtern,
die jeweils in Schreibung und Bedeutung miteinander verwandt sind.

3 a. Lege in deinem Heft eine Tabelle an.
b. Ordne die Wörter den drei Wortstämmen -wort-, -lauf- und -recht- zu.
Wenn du die Bedeutung eines Wortes nicht kennst, sieh im Wörterbuch nach.
Schreibe die Wörter in die richtigen Spalten der Tabelle.
Tipp: Kontrolliere mit Hilfe des Lösungsheftes.

das Wort	verlaufen	wörtlich	die Verantwortung
gerecht	aufrecht	der Laufschritt	der Richter
der Anlauf	vorläufig	der Wettlauf	befürworten
rechtschaffen	der Richter	rechtfertigen	das Fremdwort
wortlos	berichtigen	der Auflauf	wortgewandt

Starthilfe

-wort-	-lauf-	-recht-
das Wort	verlaufen	gerecht
...	...	...

TRAINING GRAMMATIK   # Das Passiv erkennen und verwenden

> Was mit einer Person oder Sache geschieht, kann man durch das Passiv ausdrücken.

Passivformen erkennen

Dieser Bericht stand in einer Boulevardzeitung[1]

Gestern wurde in Heimhausen ein lang gesuchter Bankräuber auf frischer Tat ertappt. Er hatte sich während der Geschäftszeit in einer Besenkammer der D-Bank versteckt. Nach Feierabend verließ er sein Versteck. Dabei wurde er von einer Putzfrau bemerkt. Die Frau löste sofort das Alarmsystem aus. Binnen kurzer Zeit wurde der Bankräuber von der eintreffenden Polizei festgenommen. Die geistesgegenwärtige Putzfrau wird nach Mitteilung der Bank mit einer zusätzlichen Urlaubswoche belohnt.

❶ Unterstreiche in dem Bericht alle Passivformen rot.
Tipp: Beachte, dass zum Passiv immer zwei Verbformen gehören.

Boulevardzeitungen locken ihre Leser oft mit Schlagzeilen.
Die Schlagzeilen sind kurz und knapp und sollen neugierig machen.

Taschendiebin überführt

Jäger im Wald erschossen

Musikstar bei Ladendiebstahl ertappt

Polizist als Dieb enttarnt

Heiratsschwindlerin „k.o." geschlagen

In jeder dieser Schlagzeilen kann man eine Passivform entdecken.

❷ a. Schreibe die fünf Schlagzeilen als vollständige Sätze mit Passivformen auf.
b. Unterstreiche in jedem Satz die Passivform.

Eine Taschendiebin wurde überführt.

> von 40-jährigem Mann
> von Kollegen
> von Richter
> von Fans
> von Hund

Von wem wurde die Taschendiebin überführt?
Darüber geben die Schlagzeilen keine Auskunft.

❸ Die „Täter" kannst du selbst in den Schlagzeilen ergänzen.
Erweitere die Schlagzeilen und schreibe sie in dein Heft.
– Du kannst die Vorschläge in der Randspalte benutzen.
– Du kannst auch eigene „Täter" erfinden.

[1] die Boulevardzeitung: eine Zeitung, die vorwiegend über Skandale und Klatsch berichtet, die man auf dem Boulevard (der Straße) kauft und nicht abonniert hat.

Das Passiv erkennen und verwenden TRAINING GRAMMATIK

Passivformen verwenden

Im folgenden Zeitungsbericht sind alle „Täter" genannt –
aber muss man sie nennen?

Computercode des Pentagon[1] geknackt

Ein unbekannter Täter knackte wahrscheinlich per Zufall den Computercode des amerikanischen Verteidigungsministeriums. Der unbekannte Täter zerstörte das Computersystem des Ministeriums dabei nicht. Ein Mitarbeiter des Ministeriums entdeckte den Zugriff, als sich Daten im Computernetz des Pentagon aus unerklärlichen Gründen veränderten. Der Mitarbeiter schaltete sofort das FBI ein. Die Beamten begannen auf der Stelle mit den Ermittlungen. Sie verdächtigten eine 15-jährige Highschool-Schülerin der Tat. Die FBI-Beamten zogen Sicherheitsexperten zu Rate. Die Experten verfolgten den Weg der Eingriffe bis zu dem Computer der 15-jährigen New-Yorkerin. Mehrere Beamte des FBI fuhren zur Wohnung des Mädchens. Die Beamten verhafteten die Schülerin. Die amerikanische Presse spricht von einem Riesenskandal. Die US-Regierung hüllt sich jedoch in Schweigen. Die US-Regierung bestätigte den Vorgang bisher nicht.

Das Pentagon in Washington, USA

1 Unterstreiche in jedem Satz den oder die „Täter" und die Verbformen im Aktiv.

In einigen Sätzen könntest du statt der Aktivform auch
die Passivform verwenden. Du brauchst dann den „Täter" nicht zu nennen.

2 a. Markiere die Sätze, in denen du den „Täter" verschweigen könntest.
b. Forme die markierten Sätze in Passivsätze um.
Schreibe die Passivsätze auf.
Tipp: Verwende dabei einige Passivformen aus der Randspalte.

> Das FBI wurde eingeschaltet.
>
> Auf der Stelle wurde mit den Ermittlungen …
>
> Die Schülerin wurde …

[1] das Pentagon: das auf einem fünfeckigen Grundriss gebaute Verteidigungsministerium der USA.

TRAINING GRAMMATIK **Der Konjunktiv**

Was könnte er tun?

Henning wird von seinem Praktikumsbetrieb eine Ausbildungsstelle als Heizungsinstallateur angeboten. Eigentlich wollte er Industriekaufmann werden. Er fragt Freunde und Lehrer: „Was soll ich tun?"

Hennings Freund Ingo sagt: „Ich wüsste, was ich täte: sofort zusagen!

Du hättest keine Bewerbungen mehr zu schreiben und alles wäre klar.

Später könntest du immer noch absagen." Hennings Freundin Julia sagt:

„Ich bräuchte mehr Bedenkzeit für solch eine wichtige Entscheidung.

Dein Lieblingsberuf wäre das ja gerade nicht. Müsstest du

als Heizungsinstallateur nicht völlig andere Dinge lernen?"

> Mit dem Konjunktiv II (Möglichkeitsform des Verbs) kann man ausdrücken, dass etwas nicht oder noch nicht Wirklichkeit ist: Möglichkeiten, erfüllbare oder nicht erfüllbare Wünsche.
> Der Konjunktiv II wird vom Präteritum abgeleitet.

1 Die Freunde sagen Henning, was sie an seiner Stelle täten.
   a. Unterstreiche im Text alle Konjunktivformen.
   b. Trage sie unten in der Tabelle in die rechte Spalte ein.
   c. Der Konjunktiv II wird vom Präteritum abgeleitet.
      Schreibe die Präteritumformen der Verben in die mittlere Spalte der Tabelle.
   d. Schreibe in die linke Spalte der Tabelle die Infinitivformen der Verben.

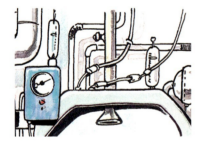

Verb (Infinitiv)	Präteritum	Konjunktiv II
wissen	ich wusste	ich wüsste
	ich tat	ich
sein		es
	du	
	ich	
		es
	du	

Der Konjunktiv TRAINING GRAMMATIK

2 Hier sind drei weitere Äußerungen von Freunden.
  a. Schreibe die fehlenden Konjunktivformen in die Lücken.
     Verwende die Konjunktivformen aus der Randspalte.
  b. Ergänze die Tabelle auf Seite 72.
     Schreibe die Konjunktivformen in die rechte Spalte,
     die Präteritumformen in die mittlere Spalte und die Infinitive in die linke Spalte.

Wenn ich solch ein Angebot _____, _____ es

für mich gar keinen Zweifel!

Mir _____ das zu schnell. Ich _____ noch Zeit,

um mich ein bisschen besser zu informieren.

Ich _____ mir erst noch ein paar Informationen

zu dem Beruf zuschicken.

| bekäme |
| ließe |
| bräuchte |
| ginge |
| gäbe |

Auch Herr Kars, der Praktikumsbetreuer, gibt Henning einen Rat.

3 In dem folgenden Text fehlen die Konjunktivformen.
Schreibe passende Konjunktivformen in die Lücken.
Die Infinitive in der Randspalte helfen dir.

Dein Chef kann sicher verstehen, dass du noch Bedenkzeit brauchst.

Bitte ihn doch darum. Du könntest ihm gleichzeitig sagen, dass dir die Arbeit

bei ihm Spaß gemacht hat. Du _____ dann gleich morgen

in einigen Betrieben anfragen, ob du dort eine Chance _____.

Wenn nicht, _____ du in deinem Praktikumsbetrieb vielleicht

immer noch zusagen. Außerdem _____ zu bedenken,

dass du nach der Lehre als Heizungsinstallateur bessere Chancen

_____, später Industriekaufmann zu werden. Deine

praktischen Erfahrungen _____ dir dann wahrscheinlich helfen.

| ~~können~~ |
| müssen |
| haben |
| können |
| sein |
| haben |
| werden |

4 Hättest du auch einen Ratschlag für Henning?
Schreibe deinen Ratschlag in einem vollständigen Satz auf.
Tipp: Du kannst die Wortgruppen in der Randspalte verwenden.

_____

_____

| im Internet über den Beruf informieren |
| zur Berufsberatung gehen |
| mit jemandem sprechen, der Heizungsinstallateur ist |
| mit den Eltern beraten |

TRAINING GRAMMATIK   **Der Konjunktiv**

> Manche Verben ändern im Konjunktiv II ihre Form nicht. Dann kann man würde verwenden.

Was wäre, wenn …?

**Was würdest du als Schiffbrüchiger auf einer einsamen Insel tun?
Was fändest du schön? Wovor hättest du Angst?**

Zuerst würde ich sicher sehr froh sein. Ich würde nämlich auf der Insel nicht in die Schule gehen müssen. Stattdessen würde ich den ganzen Tag schlafen können. Außerdem würde ich mir die Feigen vom Baum gleich in den Mund fallen lassen. Doch in der ersten Nacht würde ich bestimmt Angst bekommen. Da würde es auch nicht helfen, wenn ich mir einen Unterschlupf bauen würde. Wer weiß, ob nicht wilde Tiere über die Insel laufen! Was würde ich tun, wenn mein Handy dann nicht funktionieren würde? Es würde grausam sein, für immer allein auf der Insel bleiben zu müssen. Dann würde ich niemanden haben, mit dem ich herumalbern oder streiten könnte!

**Man kann den Konjunktiv auch mit würde ausdrücken.
Doch es klingt nicht gut, wenn man in einem Text zu viel würde verwendet.**

❶ Lies den Text laut, um dir das bewusstzumachen.

❷ An einigen Stellen kannst du statt würde auch den Konjunktiv II verwenden.
Der Text klingt dann besser.
Schreibe den Text ab.
Ersetze dabei einige würde-Formen durch den Konjunktiv II.

Zuerst wäre ich sicher sehr froh.

Der Konjunktiv   TRAINING GRAMMATIK

Wenn ich könnte, würde ich …

Hier findest du einige Anregungen für Fantasiegeschichten.

① Wähle eine Anregung aus.
Schreibe dazu eine Geschichte in dein Heft.
- Verwende dabei mal die **würde**-Form, mal den Konjunktiv II.
- Gestalte auch die Satzanfänge abwechslungsreich.
 Die Wörter in der Randspalte helfen dir.

| zuerst |
| danach |
| anschließend |
| zuvor |
| während |
| schließlich |
| dann |
| zum Schluss |

Stell dir vor, du könntest eine Weltregierung bestimmen. Figuren aus der Welt der Comics, des Films und des Romans stünden zu deiner Verfügung. Wer wäre was in deiner Regierung?

Starthilfe
Dagobert Duck wäre Finanzminister. Supermann …

Stell dir vor, du hättest immer Ferien und besäßest sehr viel Geld. Was würdest du tun?

Starthilfe
Ich würde eine Polarexpedition unternehmen. Dabei käme ich …

Stell dir vor, die Menschen wären Hühner, Hunde, Pferde oder Haifische. Was täten sie dann?

Starthilfe
Wenn die Menschen Hühner wären, hätten sie …

Stell dir vor, du würdest Texte für die Songs einer Band schreiben. Wovon würden deine Lieder handeln?

Starthilfe
Ein Song würde von der Sorge um meinen Bruder handeln. Er …

TRAINING GRAMMATIK   **Satzgefüge mit Adverbialsätzen**

Textüberarbeitung:
Adverbiale Bestimmungen oder Nebensätze

In dem Film „Billy Elliot – I will dance" muss der englische Junge Billy viele Widerstände überwinden, um seinen Weg zu finden.
Sein Vater schickt ihn zum Boxtraining, aber Billy stellt eines Tages fest, dass er lieber tanzen lernen möchte.

Trotz der Ablehnung seines Vaters setzt sich Billy durch.
Trotz seiner eigenen Ängste ist Billy erfolgreich.
Trotz des teuren Schulgeldes lernt Billy tanzen.

Die mit trotz eingeleiteten adverbialen Bestimmungen nennen einen Gegengrund. Man kann die adverbialen Bestimmungen mit trotz auch durch Nebensätze ausdrücken. Sie werden mit obwohl oder obgleich eingeleitet.

1   a. Verwandle alle adverbialen Bestimmungen in Nebensätze.
      b. Schreibe die Satzgefüge auf.

Obwohl es der Vater ablehnt, setzt sich Billy

> Die mit nachdem, als, weil, da, obwohl, wenn eingeleiteten Sätze sind Nebensätze. Sie werden durch Komma vom Hauptsatz abgetrennt. In einem Nebensatz steht das Verb immer am Ende.

Die mit wegen eingeleiteten adverbialen Bestimmungen nennen einen Grund. Man kann die adverbialen Bestimmungen mit wegen auch durch Nebensätze ausdrücken. Sie werden mit weil oder da eingeleitet.

Wegen seiner besonderen Begabung lernt Billy sehr schnell.
Wegen seiner großen Freude am Tanzen überwindet er alle Widerstände.
Wegen seines Durchhaltevermögens gibt er auch bei Rückschlägen nicht auf.

2   a. Verwandle alle adverbialen Bestimmungen in Nebensätze.
      b. Schreibe die Satzgefüge auf.

Weil er besonders begabt ist, lernt Billy

Satzgefüge mit Adverbialsätzen TRAINING GRAMMATIK

Wie geht Billys Geschichte weiter?

Nachdem sich Billy an einer berühmten Ballettschule angemeldet hat, wird er zur Aufnahmeprüfung in London eingeladen. Der Vater ist dagegen. Nachdem er es sich jedoch reiflich überlegt hat, fährt er als Zuschauer mit zur Aufnahmeprüfung. Es kommt zum zweifachen Happy End: Nachdem Billy die Prüfung bestanden hat, wird er an der Ballettschule angenommen. Nachdem Billy so erfolgreich ist, versöhnt sich sein Vater mit ihm.

Der Text enthält zu viele Nebensätze mit nachdem.

Tipp: Nur Nebensätze werden durch Komma abgetrennt, adverbiale Bestimmungen nicht.

3 Überarbeite den Text.
  a. Unterstreiche die Nebensätze mit nachdem.
  b. Verwandle einige Nebensätze in adverbiale Bestimmungen.
  c. Schreibe den überarbeiteten Text auf.

Nach der Anmeldung an einer berühmten Ballettschule wird Billy

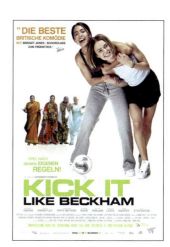

Der Film „Kick it like Beckham" hat ein ähnliches Thema wie „Billy Elliot". Ein indisches Mädchen, das in England lebt, findet gegen viele Widerstände seinen Weg.

Trotz heftiger Ablehnung ihrer Mutter spielt Jesminder in ihrer Freizeit Fußball. Trotz verletzender Bemerkungen ihrer Klassenkameradinnen gibt sie nicht auf. Nach einem Spielverbot durch ihre Eltern spielt sie schließlich heimlich weiter. Jesminder wird wegen ihres Könnens für einen Fußballklub angeworben. Wegen guter Erfolge wird sie auch für Punktspiele eingesetzt. Trotz anfänglicher Missverständnisse freundet sie sich später mit ihrem Trainer an. Schließlich wird sie sogar als Profi-Spielerin angeworben.

Der Satzbau in dieser Inhaltsangabe klingt durch Wiederholungen mit nach, wegen und trotz eintönig.

4 a. Schreibe die Inhaltsangabe neu in dein Heft.
  Verwandle einige adverbialen Bestimmungen in Nebensätze
  mit obwohl, obgleich oder weil.
  b. Unterstreiche die Nebensätze.
  Tipp: Achte auf das Komma zwischen Hauptsatz und Nebensatz.

Starthilfe

Obwohl ihre Mutter es heftig ablehnt, spielt Jesminder …

TRAINING GRAMMATIK ## Satzgefüge mit Relativsätzen

> Relativsätze sind Nebensätze, die mit der, das, die eingeleitet werden. Sie beziehen sich meistens auf ein vorhergehendes Nomen und werden durch Komma abgetrennt.

Mit Relativsätzen zusätzliche Informationen zu Nomen geben

Was ist eine Boulevardzeitung?

Boulevard ist die französische Bezeichnung für eine Straße, die von vielen Fußgängern benutzt wurde. Dort konnte man Zeitungen kaufen, die es nicht zu abonnieren gab. Früher waren es Straßenverkäufer, die die Zeitungen auf der Straße laut anpriesen. Kennzeichen der Boulevardpresse sind zum Beispiel:

- riesige Schlagzeilen, die manchmal eine halbe Seite einnehmen und schon von weitem zu lesen sind,
- großformatige Fotos, die Gefühle ansprechen,
- Schlagworte, die Meinungen beeinflussen sollen, und
- Berichte, die nicht immer ganz wahr sind.
- Boulevardzeitungen sind Zeitungen, die hauptsächlich über Sensationen und Skandale berichten.

Boulevardzeitungen gibt es überall auf der Welt. Ein Beispiel für eine Boulevardzeitung, die wir in Deutschland gut kennen, ist die Bild-Zeitung.

❶ Der Text informiert über Boulevardzeitungen.
Schreibe in Stichworten auf, was man unter einer Boulevardzeitung versteht.

In dem Text finden sich acht Relativsätze.
Sie geben zusätzliche Informationen zu vorhergehenden Nomen.

❷ a. Unterstreiche die Relativsätze.
b. Markiere jeweils das Komma zwischen Hauptsatz und Relativsatz.
c. Markiere auch das Relativpronomen.
d. Kennzeichne mit einem Pfeil das Nomen, zu dem der jeweilige Relativsatz zusätzliche Informationen gibt.

Wissenswertes zu „Unbekannte Wörter verstehen" Seite 82

Zum Thema Zeitung gibt es viele Fachwörter – verstehst du sie alle?

❸ Welche Erklärung passt zu welchem Fachwort?
Verbinde die Fachwörter durch Striche mit den richtigen Erklärungen.

Schlagzeile	○	○	darin wird eine Person zu einem bestimmten Thema befragt
Ente	○	○	Bericht, ist frei erfunden
Interview	○	○	Überschrift, dient als Blickfang, soll neugierig machen

| Aufmacher | ○ | ○ | ist der Hauptartikel auf der ersten Seite |
| Kommentar | ○ | ○ | gibt Meinungen zu einem Ereignis |

Satzgefüge mit Relativsätzen TRAINING GRAMMATIK

4 a. Schreibe nun die Erklärungen der Fachwörter in vollständigen Sätzen auf.
Bilde dazu Satzgefüge mit Relativsätzen.
Tipp: Verwende abwechslungsreiche Satzanfänge.
b. Unterstreiche in jedem Satzgefüge den Relativsatz.
c. Markiere jeweils das Komma zwischen Hauptsatz und Relativsatz.
d. Markiere auch das Relativpronomen.
e. Kennzeichne mit einem Pfeil das Nomen,
zu dem der jeweilige Relativsatz zusätzliche Informationen gibt.

Als Schlagzeile bezeichnet man eine (Überschrift) , die als Blickfang dient und neugierig machen soll.

Jan hat einen Kurzvortrag über eine Boulevardzeitung erarbeitet.

Die BISS-Zeitung stellt sich ihren Lesern gern dar als „der große Bruder".
So startet BISS oft Aktionen. Ein Beispiel dafür ist die Aktion „BISS kämpft für Opa Meyer". Auf solche Aktionen folgen dann viele Leserbriefe. Kurzum: Die BISS-Zeitung präsentiert sich gern als hilfsbereite Zeitung.
Sie missbraucht ihre Macht allerdings auch manchmal durch einzelne Berichte. Sie macht Angst oder ruft sogar zu Protesten auf.
Meinungen werden dann vorgegeben.

Jan kann einiges noch genauer sagen, wenn er Relativsätze einfügt.

5 Schreibe den Text für den Kurzvortrag in dein Heft.
Gib zu einigen der hervorgehobenen Nomen zusätzliche Informationen.
Verwende dazu passende Relativsätze.
Die Vorschläge in der Randspalte helfen dir.

---

auf die BISS
eine Antwort gibt

die sich die Leser
eigentlich
selbst bilden sollen

dessen Hilfe absolut
verlässlich ist

deren Inhalte
einseitig sind

bei denen sie als Helfer
in der Not auftritt

auf die sich der
„kleine Mann
auf der Straße"
verlassen kann

TRAINING GRAMMATIK **Satzgefüge mit Relativsätzen**

> Relativsätze sind Attribute. Sie geben zusätzliche Informationen zu Nomen. Relativsätze sind einem Nomen immer nachgestellt.

Textverbesserung: Sätze vereinfachen

**Relativsätze geben zusätzliche Informationen zu Nomen.
Man kann sie in andere Attribute verwandeln.**

1 a. Unterstreiche die Relativsätze.
b. Verwandle die Relativsätze in vorangestellte Attribute.
c. Unterstreiche die vorangestellten Attribute.

eine Nachricht, die hochaktuell ist = eine hochaktuelle Nachricht

ein Bericht, der wahrheitsgetreu ist = _____

eine Reportage, die langweilig ist = _____

**Auch in den folgenden Sätzen geben Relativsätze
zusätzliche Informationen zu Nomen.**

Mit dem Ausdruck „Renner" wird ein Zeitungsbericht bezeichnet,
der besonders interessant ist.
„Objektiv" werden Berichte genannt, die sachlich und unvoreingenommen sind.
„Parteiisch" nennt man eine Zeitung, die einseitig ist.

2 a. Unterstreiche die Relativsätze.
b. Verwandle die Relativsätze in vorangestellte Attribute.
c. Schreibe die Sätze noch einmal mit den vorangestellten Attributen auf.

**Auch der umgekehrte Weg ist möglich: Wenn du eine zusätzliche Information
zu einem Nomen besonders betonen willst, kannst du
ein vorangestelltes Attribut in einen Relativsatz verwandeln.**

3 a. Markiere das Nomen, zu dem das vorangestellte Attribut
zusätzliche Informationen gibt.
b. Verwandle das vorangestellte Attribut in einen Relativsatz.
Denke an das Komma.
c. Unterstreiche den Relativsatz.

eine überparteiliche Zeitung = eine Zeitung, die überparteilich ist.

eine verdeckte Einflussnahme = eine Einflussnahme, die _____ geschieht.

ein einseitiger Bericht = _____

Satzgefüge mit Relativsätzen TRAINING GRAMMATIK

Der folgende Text soll Teil eines Referats zum Thema „Zeitung" werden.
Er enthält jedoch noch zu viele Relativsätze.

Es ist bekannt, dass insbesondere vor Wahlen, die entscheidend sind, manchmal Berichte, die einseitig sind, gedruckt werden. Eine Zeitung will die Regierung unterstützen. Sie beschreibt deren Mitglieder als Politiker, die besonders fähig sind. Eine andere Zeitung steht dagegen der Opposition nahe. Sie spricht von einer Regierung, die katastrophal ist. Zum Glück gibt es allerdings bei uns eine Presse, die frei ist. Obwohl manche Zeitungen parteiisch sind, gibt es doch überall auch eine Zeitung, die sachlicher ist. Ein Leser, der interessiert ist, verschafft sich dadurch ein Bild, das umfassend ist.

Opposition: katastrophale Bilanz der Regierung

Regierung spricht von guter Bilanz

Bei einem komplizierten Satzbau hilft es, wenn man sich zunächst ein Bild vom Aufbau der Satzgefüge macht.

4 Welches der Satzgefüge aus dem Text passt zu diesem Satzschema?
Schreibe die einzelnen Satzteile auf die Linien.

_____ , _____ ,
Hauptsatz   Nebensatz 1 (1. Teil)

_____ , _____ ,
Nebensatz 2 (Relativsatz)   Nebensatz 1 (2. Teil)

_____ , _____ .
Nebensatz 3 (Relativsatz)   Nebensatz 1 (3. Teil)

5 a. Schreibe alle weiteren Sätze in dein Heft.
b. Unterstreiche die Satzteile farbig wie in Aufgabe 4.
   Tipp: Nicht immer steht der Hauptsatz am Anfang des Satzgefüges.
c. Schreibe die Namen der Satzteile darunter.

Du kannst den komplizierten Satzbau vereinfachen, wenn du die Relativsätze in vorangestellte Attribute verwandelst.

6 a. Unterstreiche im Text die acht Relativsätze.
b. Markiere das Nomen, zu dem der Relativsatz nähere Informationen gibt.
c. Schreibe den Text noch einmal in dein Heft.
   Verwandle dabei einige der Relativsätze in vorangestellte Attribute.

Wissenswertes auf einen Blick

Arbeitstechniken Informationen aus Texten entnehmen

Übungen S. 4–11, 18–21

Sachtexte lesen und verstehen

- Die **Überschrift** sagt etwas über das **Thema**.
- Die **Bilder** und **Zeichnungen** neben, in und unter dem Text helfen dir, den Text zu verstehen.
- **Tabellen** und **Grafiken** geben zusätzliche Informationen.
- In der **Einleitung** steht, worum es in dem Text geht.
- **Absätze** gliedern den Text.
- **Schlüsselwörter** helfen, den Text zu verstehen.
- Manche Wörter werden als **Fußnote** oder in der **Randspalte** erklärt.
- Suche Wörter, die du nicht verstehst, im **Lexikon**.

Unbekannte Wörter verstehen

- Schau nach, ob du **im Text** eine Erklärung für das Wort findest.
- Manchmal helfen dir **Fußnoten** mit Worterklärungen.
- Manche schwierigen Wörter kennst du schon. Überlege dir einfache Erklärungen für diese Wörter.
- Schlage im **Wörterbuch** oder **Lexikon** nach.
- **Frage** die Lehrkraft oder Mitschüler.

Eine Suchmaschine nutzen

Die Suchmaschine sucht einen großen Teil des Internets nach Seiten ab, die unter einem oder mehreren Suchwörtern abgespeichert sind.
- Gib dein **Suchwort** im Feld „Suchen" ein.
- Oder: Gib **mehrere Suchwörter** ein. Verbinde sie jeweils mit + oder mit der Leertaste.

War die Suche erfolgreich, zeigt dir die Suchmaschine **Links** zu Informationen im Internet.
- Klicke die angezeigten **Links** an. Wenn du bei „Google" „Erweiterte Suche" anklickst, kannst du auch eine Bildsuche starten.

Wissenswertes auf einen Blick

Schreiben

Berichten

Ein Bericht soll **knapp** und **genau** geschrieben sein.
Er soll **einfach** und **klar** Antworten auf die W-Fragen geben:
- **Wann** passierte es?
- **Wie** geschah es?
- **Wo** passierte es?
- **Warum** geschah es?
- **Wer** war beteiligt?
- **Was** ist die **Folge**?
- **Was geschah** der Reihe nach?

Ein Bericht für die Schülerzeitung darf auch
persönliche Meinungen enthalten.
Er ist meist **im Präteritum** geschrieben.
Er soll berücksichtigen, an welche **Leserinnen und Leser**
er sich richtet.

Eine Bewerbung schreiben

- Schreibe zuerst auf, **wofür** genau du dich bewirbst.
- Gib an, **woher** du von dem Ausbildungsplatz **weißt**.
- Gib an, **welche Schule** du besuchst,
  welchen Schulabschluss du anstrebst.
- **Begründe** dann, warum du diese Ausbildung machen möchtest.
- Schreibe in **Reinschrift** oder auf dem **Computer**.
- Achte auf die **besondere Form** des Briefes:
  Briefkopf und Briefende.
- **Korrigiere** zum Schluss **Rechtschreibfehler**
  mit Hilfe der Checkliste.

Checkliste für das Bewerbungsschreiben

- Die **Betreffzeile** ist sozusagen die Überschrift
  des Bewerbungsschreibens.
  Nach einer Überschrift steht **kein Punkt**.
- **Nach der Anrede** steht ein **Komma** und man schreibt klein weiter.
- Das Komma trennt einen Hauptsatz von einem Nebensatz.
- Die Schreibung von **Namen** kontrollieren.
- Die Schreibung von **Fachwörtern** kontrollieren.
- Die Anrede **Ihre/Ihnen/Sie** unbedingt **großschreiben**.
- **Nach** der **Grußformel** steht **kein Punkt**.

Arbeitstechniken

Übungen S. 15–17, 26–29

Übungen S. 36–37

Übungen S. 36–37

Wissenswertes auf einen Blick

Arbeitstechniken

Einen offiziellen Brief schreiben

- Schreibe einen offiziellen Brief möglichst mit dem **Computer**.
- Schreibe den Brief auf **Blanko-Schreibpapier** mit der Größe **DIN A4**.
- Benutze **Umschläge** mit der Größe **DIN C4**.
- Ein offizieller Brief sollte Folgendes enthalten:
    - den **Absender**, in der oberen linken Ecke des Briefbogens,
    - darunter die Adresse des **Empfängers** (zwischen Absender und Empfänger zwei Leerzeilen lassen),
    - das **Datum**, in der rechten oberen Ecke des Briefbogens,
    - die **Anrede**,
    - eine **Bezug-Zeile**, zwischen Empfänger und Anrede: stichwortartige Hinweise, z. B. auf frühere Schreiben; Telefonate,
    - eine **Betreff-Zeile** (sie steht unter der Bezugzeile), die in knapper Form sagt, worum es in dem Brief geht,
    - den **Text**,
    - die **Unterschrift**.

Übungen S. 46

Ein Ergebnisprotokoll schreiben

- Ein Ergebnisprotokoll informiert über die **Ergebnisse** einer Besprechung oder eines Versuchs.
- Der „Kopf" des Ergebnisprotokolls enthält genaue Angaben über **Anlass, Zeit, Ort, Teilnehmer** und den **Protokollführer** oder die **Protokollführerin**.
- Der **Hauptteil fasst die Ergebnisse** der Besprechung oder des Versuchs kurz und übersichtlich **zusammen**.
- Der **Schluss** enthält **Ort und Datum der Abfassung** und die **Unterschrift** des Protokollführers oder der Protokollführerin.

Übungen S. 22–25

Inhalte zusammenfassen

- **Lies** den Text **genau**.
- Schreibe zuerst eine **Einleitung**. Nenne den **Titel** und den **Autor** oder die **Autorin**. Gib außerdem an, um **was für einen Text** es sich handelt.
- Beschreibe zu Beginn mit wenigen Worten, **worum es in der Geschichte geht**.
- Schreibe immer im **Präsens**.
- **Vermeide wörtliche Rede**.
- Stelle im Hauptteil wichtige Schritte **in der zeitlich richtigen Reihenfolge** dar.
- Gib **nur die wichtigsten Informationen** in wenigen Sätzen wieder.
- Schreibe zum Schluss deine **persönliche Meinung** auf.

Übungen S. 9, 11

Wissenswertes auf einen Blick

Rechtschreiben

Übungsmöglichkeiten

- **Partnerdiktat**
  Beim Partnerdiktat geht es darum, mit Hilfe des **Partners** oder der **Partnerin** einen **Text fehlerfrei aufzuschreiben**.

- **Kassettendiktat**
  Wenn niemand da ist, der dir einen Trainingstext diktieren kann, kannst du den Text selbst auf Kassette diktieren.
  Höre dir dann den Text über Kopfhörer an und schreibe ihn auf.

- **Abschreiben**
  Richtiges Abschreiben will gelernt sein.
  Es erfordert deine ganze Konzentration und deine beste Schrift.
  Das Abschreiben wird erfolgreich sein,
  wenn du die Regeln genau beachtest:
  - **Lies** den Text **langsam** und **sorgfältig**.
  - **Präge dir die Wörter** genau **ein**.
  - Jetzt **schreibe** die Wörter **auswendig auf**.
    Schreibe langsam, ordentlich und nicht zu eng.
  - Nun **kontrolliere Wort für Wort**.
  - **Streiche Fehlerwörter durch**. Schreibe sie richtig darüber.
  - Die Fehlerwörter kommen in die **Fehlerkartei**.

- **Fehlerkartei**
  Jedes Fehlerwort, das bei der Arbeit mit den Trainingseinheiten und in den Schreibkonferenzen aufgetaucht ist,
  schreibe auf ein **Lernkärtchen**.
  Übe deine Fehlerwörter mit der Fehlerkartei.

Arbeitstechniken

Übungen S. 56–61

Wissenswertes auf einen Blick

Rechtschreiben

Rechtschreibregeln – Rechtschreibtipps

Doppelkonsonanten

Übungen S. 42–43

> Nach einem kurz gesprochenen Vokal folgt ein doppelter Konsonant.

die Wasserleitung
kurz

Großschreibung

Übungen S. 46–48

> Aus Verben können Nomen werden. Die starken Wörter beim, zum, im, am, vom und das machen's.

das Telefonieren, beim Einreiben

Übungen S. 49

> Aus Adjektiven können Nomen werden. Die starken Wörter alles, allerlei, etwas, genug, viel, wenig und nichts machen's.

alles Gute, viel Neues, nichts Schlimmes

Tageszeiten und Wochentage

Übungen S. 50–51

> Nach gestern, heute und morgen werden Tageszeiten großgeschrieben.

gestern Vormittag, heute Nachmittag

Übungen S. 50–51

> Tageszeiten und Wochentage mit s am Ende werden kleingeschrieben.

morgens, sonntags

> Zusammensetzungen aus Wochentag und Tageszeit – mit oder ohne Begleiter – werden immer großgeschrieben.

der Sonntagvormittag, der Mittwochnachmittag

Getrenntschreibung

Übungen S. 52+54

> Diese Wortgruppen aus Adjektiv + Verb werden getrennt geschrieben:
> falsch machen, geheim halten, treu bleiben, aktiv werden, sauber bleiben, richtig machen, gesund werden, ruhig bleiben, nervös machen, gerade halten, wach bleiben, stark sein.

Übungen S. 52

> Gar nicht wird gar nicht zusammengeschrieben.
> Dies gilt auch für die folgenden Wortgruppen:
> ein bisschen, zu Ende, darüber hinaus, auf einmal, aus Versehen, noch einmal, gar nichts, zu Fuß (gehen), vor allem, nach wie vor.

Übungen S. 52

> Wortgruppen mit sein werden immer getrennt geschrieben.
> zufrieden sein, da sein, zusammen sein

Wissenswertes auf einen Blick

Zusammenschreibung

> Aus Wortgruppen werden Wortzusammensetzungen.
> Sie werden zusammengeschrieben.
> scharf wie ein Messer ➔ messerscharf
> mehrere Jahre lang ➔ jahrelang

Übungen S. 53

> Diese Verben werden zusammengeschrieben:
> leidtun, eislaufen, nottun, kopfstehen, teilnehmen, stattfinden, standhalten.

Übungen S. 53

> Werden Wortgruppen zu Nomen, schreibt man sie groß und zusammen. Die starken Wörter das, zum und beim machen's.

das Singenüben
beim Spazierengehen

Übungen S. 55

Zeichensetzung

> Man kann Wörter, Satzteile oder ganze Sätze aufzählen.
> Die Teile einer Aufzählung, die nicht durch und oder oder verbunden sind, werden durch Komma voneinander abgetrennt.

Wir schreiben uns lange, lustige und spannende Briefe.

Übungen S. 61

> Beginnt ein Satz mit obwohl, weil, nachdem, dass, wenn oder als, folgt häufig etwas später ein Komma.
> Das Komma steht zwischen Nebensatz und Hauptsatz.
> Das Komma steht zwischen zwei Verben.
>
> Steht der Nebensatz mit weil, nachdem, dass oder als nach dem Hauptsatz, setzt man das Komma vor weil, nachdem, dass oder als.

Ich brauche das Buch in der Deutschstunde, weil wir einen Text daraus lesen.

Übungen S. 60, 76–77

> Vor der wörtlichen Rede steht unten ein Anführungszeichen.
> Nach der wörtlichen Rede steht oben ein Anführungszeichen.
>
> Der Redebegleitsatz kann auch nach der wörtlichen Rede folgen. Dann steht zwischen der wörtlichen Rede und dem Redebegleitsatz immer ein Komma.

Vater sagte: „Die Auslieferung muss verschoben werden."
„Das ist kein Problem", antwortete sein Chef.

Übungen S. 61

Rechtschreiben

Wissenswertes auf einen Blick

Grammatik

Verben
Passiv

Übungen S. 70–71

> Was mit einer Person oder Sache geschieht, kann man durch das Passiv ausdrücken.

Sie wurde ertappt.
Es wird gefunden.

Konjunktiv

Übungen S. 72–75

> Mit dem Konjunktiv II (Möglichkeitsform des Verbs) kann man ausdrücken, dass etwas nicht oder noch nicht Wirklichkeit ist: Möglichkeiten, erfüllbare oder nicht erfüllbare Wünsche. Der Konjunktiv II wird vom Präteritum abgeleitet.

er war → er wäre gern.

Übungen S. 74–75

> Manche Verben ändern im Konjunktiv II ihre Form nicht. Dann kann man würde verwenden.

ich baute → ich baute → ich würde bauen

Satzgefüge

Übungen S. 76–77

> Satzgefüge bestehen aus Haupt- und Nebensatz. Hauptsätze können meistens auch allein stehen. Die mit nachdem, als, weil, da, obwohl, wenn, dass eingeleiteten Sätze sind Nebensätze. In einem Nebensatz steht das Verb immer am Ende.

Weil er besonders begabt ist, lernt Billy schnell.

Übungen S. 78–81

> Relativsätze sind Nebensätze, die mit der, das, die eingeleitet werden. Sie beziehen sich meistens auf ein vorhergehendes Nomen und werden durch Komma abgetrennt.

Eine Ente ist ein Bericht, der frei erfunden ist.

Doppel-Klick 9
Das Arbeitsheft A

Seite 6

1 *Folgende Stichworte könntest du aufgeschrieben haben:*
Informationen über Rigoberta Menchú,
über Unterdrückung, über Kampf für die Menschenrechte

2 1. Rigoberta Menchú, Rede am Mikrofon,
   Verleihung des Friedensnobelpreises
2. Mann spricht in Megafon,
   Demonstration für eine Landreform
3. Landschaft, Verteilung des Landbesitzes in Guatemala
   extrem ungleich, Reichtum und Armut

4 a. vier Teilthemen

b. *Folgende Überschriften könntest du gefunden haben:*
1. Absatz: Der Friedensnobelpreis für Rigoberta Menchú
2. Absatz: Die Begründung des Komitees
3. Absatz: Reaktionen auf die Verleihung
   des Nobelpreises
4. Absatz: Die Biografie von Rigoberta Menchú
5. Absatz: Rigoberta Menchús Einsatz heute

Seite 7

5 *Folgende Schlüsselwörter solltest du blau markiert haben:*
3. Absatz: Reaktionen auf die Verleihung
   des Nobelpreises, unterschiedlich,
   Indios feierten die Preisträgerin,
   bei Guatemalas Ladinos,
   völliges Unverständnis
4. Absatz: Angehörige der Maya-Bevölkerung,
   Militärherrschaft, am eigenen Leib,
   schwere Menschenrechtsverletzungen,
   Rigoberta Menchús Vater,
   Gründungsmitglied der CUC,
   Rigobert Menchú nach Mexiko ins Exil
5. Absatz: 1993, Rigoberta-Menchú-Tum-Stiftung,
   friedliche Entwicklung der Gesellschaft,
   UNESCO-Preis „Erziehung für den Frieden",
   Orden der „Ehrenlegion im höchsten
   Kommandeursgrad", „UNESCO-Botschafterin
   des guten Willens", Aufarbeitung
   der Menschenrechtsverletzungen,
   nach wie vor massiv bedroht

(noch zu Seite 7)

6 b. *So könnten deine Sätze lauten:*
Das Diagramm gilt für den Zeitraum von 1901 bis 2002.
Der Nobelpreis wurde von 1901 bis 2002 viel häufiger
an Männer als an Frauen verliehen.
Das Diagramm informiert über die Bevölkerungsverteilung
in Guatemala.
Die Indios machen einen Anteil von 60% aus, die Mestizen
(Ladinos) machen einen Anteil von 30% aus. Die Weißen
machen einen Anteil von 5% aus. Die übrigen 5% sind
andere Bevölkerungsgruppen.

Seite 8

7 a. + b.
Die Indios feierten die Preisträgerin, sie waren nämlich
stolz, dass eine Angehörige ihrer Bevölkerungsgruppe
diese Auszeichnung erhielt.

blau unterstrichen: durchgezogene Linie: _____
grün unterstrichen: gepunktete Linie: _____

8 a. + b.
Die 1959 in Guatemala geborene Angehörige
der Maya-Bevölkerung musste während
der Militärherrschaft in Guatemala am eigenen Leib
die schweren Menschenrechtsverletzungen durch
staatliche Organe erfahren, (weil) willkürliche Folter und
Gewalttakte an der Tagesordnung waren.
Diese Stiftung hat die friedliche Entwicklung
der Gesellschaften zum Ziel, (dabei) sollen
die unterschiedlichen politischen, kulturellen und
ethnischen Realitäten anerkannt werden.

blau unterstrichen: durchgezogene Linie: _____
grün unterstrichen: gepunktete Linie: _____

(noch zu Seite 8)

9 der Genozid: der Völkermord
die Diskriminierung: die Benachteiligung von bestimmten Gruppen, oft Minderheiten
Indigena, span.: die Eingeborene, die Einheimische
die CUC: Comité de Unidad Campesina, das Komitee der Bauernvereinigung
ethnisch: auf Bevölkerungsgruppen bezogen
die Repressalien: die Maßnahmen, die auf jemanden Druck ausüben

Seite 9

10 b. Ladinos sind die so genannte Oberschicht des Landes.

c. *Folgende Erklärung solltest du markiert haben:*
2. herrschende Schicht in Guatemala

12 *So könnte deine Zusammenfassung lauten:*
Rigoberta Menchú ist eine Bürgerrechtlerin aus Guatemala, die gegen die Unterdrückung in ihrem Heimatland kämpft. Sie hat für ihren Einsatz den Friedensnobelpreis erhalten und wurde von den Indios gefeiert. Weil sie von der Militärherrschaft verfolgt wurde, floh Rigoberta Menchú nach Mexiko ins Exil. Von dort aus kämpft sie weiter für eine friedliche Entwicklung der Gesellschaft in Guatemala.

Seite 11

1 c. *Folgende Stichworte könntest du aufgeschrieben haben:*
weltweiter Einsatz, Menschenrechte, Gefangene, Mitgliederzahlen in Deutschland

3 b. *So könnten deine Überschriften lauten:*
1. Absatz: In Lissabon werden zwei Studenten verhaftet
2. Absatz: Benensons Aufruf zur Freilassung von Menschen
3. Absatz: amnesty international wird zur Menschenrechtsorganisation
4. Absatz: Die Unabhängigkeit von Regierungen
5. Absatz: Informationsmöglichkeiten zum Thema Menschenrechte

(noch zu Seite 11)

4 *Folgende Schlüsselwörter könntest du markiert haben:*
November 1960, Verhaftung zweier Studenten in Lissabon, kritisch über das diktatorische Regime Portugals geäußert, Peter Benenson, Verletzung des Rechts auf freie Meinungsäußerung, Respektierung grundlegender Menschenrechte, Vereinte Nationen, Allgemeine Erklärung der Menschenrechte, Freilassung von Menschen, freiwillige Mitarbeiter, Menschenrechtsorganisation, Meinungs- und Gewissensfreiheit, 1,5 Millionen Mitglieder, Druck auf eigene und fremde Regierungen, Unabhängigkeit von Regierungen, politischen Parteien, Wirtschaftsinteressen, Ideologien und Religionen, finanziert durch Mitglieds- und Förderbeiträge, „Jahresbericht", Überblick über die Menschenrechtslage

5 *So könntest du die Textverknüpfer beschrieben haben:*
also – erläutert die vorherige Aussage näher
in deren Rahmen – bringt Beispiele zur näheren Erläuterung
um – stellt den Zweck von etwas vor
daher – leitet eine Folgerung ein

7 *So könnte deine Zusammenfassung lauten:*
1960 las der Londoner Rechtsanwalt Peter Benenson über die Verhaftung von zwei Studenten in Lissabon, die sich kritisch über das Regime geäußert hatten. Aus diesem Anlass startete er eine Aktion, mit der er und seine Mitstreiter sich für freie Meinungsäußerung einsetzten. 1961 veröffentlichte er in der Zeitung „The Observer" den Artikel „Die Vergessenen Gefangenen". Darin forderte er, dass alle Gefangenen freigelassen werden sollten, die wegen ihrer Meinung im Gefängnis waren. Aus dieser ersten Aktion ist heute die weltweite Organisation amnesty international (ai) geworden. Sie setzt sich für Gefangene und für die Menschenrechte insgesamt ein. Das wichtigste Prinzip der Organisation ist ihre Unabhängigkeit von Politik, Ideologie, Wirtschaft und Religion. Sie finanziert sich nur aus Mitglieds- und Förderbeiträgen und Spenden. Jedes Jahr veröffentlicht ai einen „Jahresbericht" über die Menschenrechtslage auf der ganzen Welt.

Seite 12

1 b.

Diese Stichworte solltest du aufgeschrieben haben:
Saudi-Arabien, Raffinerien, Erdölfelder, Hafenstädte, Pipelines, Routen der Erdöltanker, Riad, Persischer Golf, Rotes Meer, Arabisches Meer, Erdölexporte, Ostasien, Europa, USA

Seite 13

2
- Raffinerie
- Erdölfeld
- Hafenstadt
- Pipeline
- Route der Erdöltanker

3 *So könntest du die Fragen beantwortet haben:*
Die Erdölfelder liegen im Osten von Saudi-Arabien.
In der Nähe liegen Riad, Hofuf, Safaniya und Ras Tanura.
Das Erdöl wird zu den Erdölexporthäfen Janbo, Dschidda und Ras Tanura geleitet.
Das Erdöl wird durch Pipelines dorthin geleitet.
Das Erdöl wird mit Erdöltankern ins Ausland transportiert.
Das Erdöl wird nach Europa, Ostasien, Süd- und Mittelamerika, Nordamerika und Afrika exportiert.

Seite 14

4 Nach Ostasien werden 43,8 %, nach Europa 26,1 %, in die USA 21 %, nach Süd- und Mittelamerika 4 %, nach Nahost 3,4 % und nach Afrika 1,3 % der Erdölfördermenge exportiert.
Am meisten Erdöl wird nach Ostasien, also nach Japan, China, Singapur, Indien und Taiwan exportiert.
Am wenigsten Erdöl wird nach Afrika exportiert.

5 *Ungefähr so könnten deine Antworten lauten:*
Es gibt nicht von allen Erdölfeldern Pipelines zu den Raffinerien.

Nach Ostasien, Europa und Nordamerika werden ca. 90 % des Erdöls exportiert, in weitere Kontinente und Staaten nur 10 %.

(noch zu Seite 14)

6 Die Grafik und das Säulendiagramm geben Informationen über das Erdöl und den Erdölexport von Saudi-Arabien. Saudi-Arabien ist das größte Land der Arabischen Halbinsel und liegt zwischen dem Roten Meer und dem Persischen Golf. Es ist das drittgrößte Erdöl produzierende Land der Erde und es werden dort ständig neue Ölfelder entdeckt.
In der Grafik wird dargestellt, auf welchen Wegen das Erdöl aus Saudi-Arabien in die ganze Welt transportiert wird. Die wichtigsten Erdölfelder befinden sich bei den Städten Riad, Hofuf, Safaniya und Ras Tanura. Das Erdöl wird durch Pipelines von den Erdölfeldern zu den Raffinerien und den Hafenstädten gepumpt. Am Persischen Golf wird das Erdöl von der Hafenstadt Ras Tanura mit Tankschiffen nach Ostasien, Süd- und Mittelamerika und Nordamerika exportiert. Am Roten Meer wird das Erdöl von den Hafenstädten Janbo und Dschidda nach Europa und Afrika exportiert. Die längste Pipeline führt quer durch das Land vom Roten Meer zum Persischen Golf.
Das Säulendiagramm zeigt, welcher Anteil des Erdöls aus Saudi-Arabien in die verschiedenen Weltregionen exportiert wird. 43,8 % der Fördermenge werden nach Ostasien exportiert, 26,1 % nach Europa, 21 % nach Nordamerika und zusammen ca. 10 % nach Süd- und Mittelamerika, Afrika und Nahost. Insgesamt werden über 90 % des Erdöls in die Länder Ostasiens, nach Europa und Nordamerika exportiert, während in weitere Kontinente und Staaten nur ca. 10 % exportiert werden.

Seite 16

1 a. + b.
Diese W-Fragen und die passenden Antworten solltest du jeweils in der gleichen Farbe markiert haben:
Wann? Samstag 26.04., Kurz nach 7.00 Uhr, 11.00 Uhr, 11.30 Uhr, 15.35 Uhr
Wo? Münster, am Aasee
Wer? Trainer, Bjarne, Hanjo, Thomas
Was geschah? Hanjo und Thomas müssen im Rennen für die Leichtgewichte gegeneinander antreten; Starker Schiebewind und Wellen. Thomas und Hanjo können sich bald von Gruppe absetzen, Im Ziel: Hanjo nur auf Platz vier; Thomas besser; Platz 1, Bjarnes erstes Junior-A-Einer-Rennen, Bjarnes zweites Junior-A-Einer-Rennen
Was war die Folge? Thomas Platz 1, Erster Saisonsieg!, Hanjo nur auf Platz vier; Bjarne im zweiten Rennen nur 4.; Bjarne gewinnt sein 1. Rennen, 17 Sekunden Vorsprung; abends Boote verladen und feiern

(noch zu Seite 16)

2 a. + b.

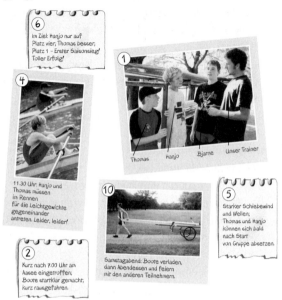

3 a.

Teilnehmer	Rennen Leichtgewichte teilgenommen	Platz	1. Rennen Junior-A-Einer teilgenommen	Platz	2. Rennen Junior-A-Einer teilgenommen	Platz
Thomas	×	1.				
Bjarne			×	1.	×	4.
Hanjo	×	4.				

b. *Folgende Sätze könntest du geschrieben haben:*
Am Rennen für Leichtgewichte nahmen Thomas und Hanjo teil. Thomas belegte den ersten Platz und Hanjo den vierten Platz.
Am 1. Junior-A-Einerrennen nahm Bjarne teil und belegte den ersten Platz.
Am 2. Junior-A-Einerrennen nahm Bjarne auch teil und belegte den vierten Platz.

Seite 17

4 *Folgende Stichworte könntest du notiert haben:*
Davor: Boote startklar gemacht, kurz rausgefahren,
   zuerst zur Waage und dann zum Start
Danach: Boote verladen, Abendessen,
   feiern mit anderen Teilnehmern

(noch zu Seite 17)

5 *Folgende Sätze könntest du geschrieben haben:*
Leider mussten Hanjo und Thomas gegeneinander antreten.
Es war eine tolle Leistung, dass Bjarne sein erstes Rennen mit 17 Sekunden Vorsprung gewann.

6 *So könntest du zwei Stellen anschaulich beschrieben haben:*
Bei ihrem Rennen konnten sich Thomas und Hanjo bald nach dem Start von der Gruppe absetzen. Es gab starken Schiebewind und Wellen. Hanjo hatte mit den Wellen zu kämpfen. Nach 400 Metern war er bereits erschöpft und erkannte, dass er nicht mehr siegen würde.
Beim Abendessen erzählten die Jungen sich gegenseitig, wie sie die Rennen erlebt hatten. Hanjo ruderte beim Erzählen so stark mit den Armen, dass er seinem Nachbarn eine Packung Orangensaft auf die Hose kippte.

7 *So könnte dein vollständiger Bericht lauten:*
Nach dem ersten Wintertraining unter dem neuen Trainer wollten die Leichtgewichte und die A-Junioren der LRG wissen, ob sie der deutschen Konkurrenz zum Anfang der Saison Paroli bieten könnten. Also fuhren sie (Bjarne, Hanjo, Thomas und der Trainer) am Samstag, 26.04., nach Münster zur 31. Aasee-Regatta. Die Regatta dauerte den ganzen Tag. Zunächst machten die Jungen die Boote startklar und fuhren kurz raus zum Vorbereiten. Danach gingen sie zur Waage. Leider mussten Hanjo und Thomas in dem Rennen für Leichtgewichte gegeneinander antreten. Bei ihrem Rennen konnten sich Thomas und Hanjo bald nach dem Start von den Gegnern absetzen. Sie hatten starken Schiebewind und Wellen. Hanjo hatte mit den Wellen zu kämpfen. Nach 400 Metern war er bereits erschöpft und erkannte, dass er nicht mehr siegen würde. Thomas jubelte nach dem Zieleinlauf über seinen ersten Saisonsieg. Zusammen mit Hanjos viertem Platz war das Ergebnis dieses harten Rennens ein toller Erfolg für die LRG. Auch Bjarne zeigte sein Können. Er war in seinem ersten Rennen als Erster im Ziel und strahlte auf der Siegertreppe. In seinem zweiten Rennen wurde er Vierter. Das war wirklich eine tolle Leistung! Beim Ausrudern taten allen die Schultern weh. Am Abend wurden dann die Boote verladen und alle hatten Hunger. Beim Abendessen erzählten sich die Jungen gegenseitig, wie sie die Rennen erlebt hatten. Hanjo ruderte beim Erzählen so stark mit den Armen, dass er seinem Nachbarn eine Packung Orangensaft auf die Hose kippte. Schließlich feierten sie mit den anderen Teilnehmern fröhlich die erfolgreiche Regatta. Erst nach Mitternacht kamen sie mit ihrem Bus wieder zu Hause in Lübeck an.

Seite 18

2 *Diese Antworten auf die W-Fragen könntest du jeweils unterstrichen haben:*

Wann? Am 13. November 2002; am 19. November
Wo? 250 Kilometer vor der spanischen Küste;
auf dem Weg von Lettland nach Gibraltar
Wer? der Großtanker „Prestige"; die 1976 in Japan gebaute „Prestige"; Schlepper
Was geschah? geriet ... in Seenot; fiel der Antrieb ... aus; heftige Wellen rissen den Rumpf ... auf; traten tausende Tonnen von Öl aus; zerbrach die ... „Prestige" und sank; Bergung ... unmöglich
Was war die Folge? Ölteppich von gewaltigen Ausmaßen; Tier- und Pflanzenwelt ... zerstörte; finanzielle Einbußen; Reinigungskosten ... über 300 Millionen Euro

3 *So könnten deine Sätze lauten:*
Nina möchte nicht, dass Öltanker fahren, weil deshalb Vögel sterben.
Vera glaubt, dass das Öl für die Energieversorgung notwendig ist, aber der Öltransport sicherer werden sollte.
Jan findet, dass Öltransporte auf See abgeschafft werden sollten, um die Umwelt und die Strände zu schützen.

Seite 20

4 c. *Folgende Stichworte hast du wahrscheinlich aufgeschrieben:*
Woran kann es liegen, dass manche Öltanker nicht sicher sind?
- Materialermüdung, hunderte von Tankern unterwegs, die über 25 Jahre alt sind,
- Reeder unter „Billigflaggen" machen, was sie wollen,
- Sicherheitsstandard der Schiffe unterliegt keiner unabhängigen Kontrolle,
- soziale Bedingungen an Bord nicht geregelt,
- nackter Profit regiert.

Wie können Öltransporte auf den Meeren insgesamt sicherer werden?
- Es sollte möglich sein, einen „Nothafen" anzusteuern,
- Einsatz von verbesserten Spezialschleppern, die bei Manövrierunfähigkeit eines Tankers rasch eingreifen,
- doppelte Hülle gibt den Tankern vier Mal mehr Sicherheit,
- Einhüllentanker sollen verschwinden.

(noch zu Seite 20)

5 a. *Diese Informationen solltest du unterstrichen haben:*
Der Kapitän der „Prestige" hat doch versucht, sein Schiff in einen nahe gelegenen Hafen zu steuern, das wurde ihm verboten.
Jedes Jahr transportieren Öltanker etwa 1,8 Milliarden Tonnen Rohöl über die Weltmeere, um den Energiebedarf der Industrieländer zu befriedigen. Ohne die Tanker würde die Versorgung Europas mit Öl sehr schnell zusammenbrechen.
Die „Prestige" wurde in Japan gebaut, ist Eigentum eines griechischen Reeders, wurde von einer russischen Handelsgesellschaft gechartert, die ihren Sitz in der Schweiz hat, und fuhr unter der Flagge der Bahamas. Schiffe, die unter „Billigflagge" fahren, sind zwar registriert. Aber letzten Endes kann der Reeder machen, was er will.
Der Sicherheitsstandard der Schiffe unterliegt keiner unabhängigen Kontrolle, und auch die sozialen Bedingungen für die Seeleute an Bord sind nicht geregelt. Die 160 Mitgliedstaaten der IMO beschlossen im April 2001, dass Einhüllentanker wie die „Prestige" bis zum Jahr 2015 von den Meeren verschwunden sein sollen. Bereits seit 1996 dürfen nur noch Tanker mit einer doppelten Hülle gebaut werden, die bei einem Unfall besseren Schutz vor einer Umweltverschmutzung bietet. Materialermüdung gilt als Ursache dafür, dass die Wand der 26 Jahre alten „Prestige" aufriss. Bei alten Schiffen ist Materialermüdung keine Seltenheit. Auf den Weltmeeren sind derzeit hunderte von Tankern unterwegs, die über 25 Jahre alt sind.
Crashtests beweisen, dass eine doppelte Hülle den Tankern vier Mal mehr Sicherheit gibt als nur eine Außenwand. Ab dem Jahr 2015 sollen alle Einhüllen-Tanker weltweit aus dem Verkehr gezogen werden.

b. *Diese Meinungen solltest du in einer anderen Farbe unterstrichen haben:*
Es sollte doch für einen Öltanker möglich sein, einen „Nothafen" anzusteuern.
Auch das Problem der so genannten „Billigflaggen" muss dringend in einem internationalen Rahmen angepackt werden.
In Zukunft ist es außerdem unbedingt erforderlich, verbesserte Spezialschlepper einzusetzen, die bei Manövrierunfähigkeit eines Tankers rasch eingreifen können.
Warum setzt man nicht nur Tanker mit doppelter Hülle ein?

(noch zu Seite 20)

6 *So könnte deine Frage lauten:*
Meine zentrale Frage lautet:
Wie kann man Tankerunglücke vermeiden?

Seite 21

7 a.–c.
So könnte deine Stellungnahme aussehen:
Einleitung: Am 13.11.2002 versank die „Prestige" vor der spanischen Küste. Deshalb frage ich mich, wie man Tankerunglücke vermeiden kann.
Hauptteil: Man muss diese Frage unter zwei Gesichtspunkten sehen. Zum einen sind viele Schiffe schon sehr alt und leiden an Materialermüdung. Diese alten Tanker haben nur eine einfache Schiffshülle, sodass bei einer Havarie sehr schnell Öl austritt. Außerdem fahren viele Schiffe aus Profitgründen unter „Billigflaggen" und haben keine geregelten Sicherheitsstandards. Eine Möglichkeit, um Havarien zu vermeiden, wäre die Einrichtung von „Nothäfen". Wenn es doch zu einer Havarie kommt, kann der Einsatz von Spezialschleppern helfen. Die beste Möglichkeit, um die Sicherheit der Tanker zu vergrößern, ist eine doppelte Außenwand. Seit 1996 dürfen aufgrund eines Beschlusses weltweit nur noch Tanker mit einer doppelten Schiffshülle gebaut werden. Leider dauert es noch sehr lange, bis alle alten Schiffe ausgetauscht sein werden.
Schluss: Die Industrieländer benötigen aber Öl für ihre Energieversorgung. Deshalb finde ich die Entscheidung der EU-Verkehrsminister vom März 2003 gut, dass Tanker mit einfacher Bordwand nicht mehr in EU-Häfen einlaufen dürfen. Ich hoffe, dass man so die Küsten vor weiteren Umweltkatastrophen bewahren kann.

Seite 22

1 b. *Folgende Informationen solltest du markiert haben:*
SV-Sitzung Musikraum, nach der ersten gr. Pause; 12 Klassensprecher PLUS Schulsprecherteam (Christopher, Ayşegül, Roman); 1. Teammitglieder stellen sich … vor (Name, Klasse): was sie vorhaben; 2. Christopher: mit Freiwilligen in jeder großen Pause einen Verkaufsstand organisieren: Brötchen, Süßigkeiten, Getränke; ➔ Hausmeister erlaubt? 3. Ayşegül: Vorschlag, wie man schlechten Schülern helfen kann …; Diese Schüler ➔ freiwillig nach der Schule „Interessierten"… Nachhilfe geben, schwierige Sachen aus dem Unterricht üben;

(noch zu Seite 22, Aufgabe 1)

4. Kathrin aus der 8 ➔ Preise am Kiosk genauso wie im Supermarkt oder billiger?; 5. Roman: neue Vorschläge für Schul-Wanderfahrten, Vergnügungsparks im Sommer oder eislaufen oder Langlauf im Winter; 7. Ausleihen von Skiern und Schuhen möglich; 8. Schulsprecherteam dafür einsetzen, dass die Älteren auf dem Schulhof rauchen können; Sitzung im März: Rauchen für alle verboten; 10. Sitzung beendet; 11. Alle sollen in ihren Klassen von Besprechung erzählen u. fragen ➔ wer Kiosk macht ➔ wohin erster Wandertag; Wer Interesse an Nachhilfe hat, soll sich im Klassenraum der 10 b melden; 12. In 4 Wochen nächstes Treffen! (Datum rausfinden!)

Seite 24

2
3 *So könntest du die TOPs in Stichworten zusammengefasst haben:*
TOP 1: Verkaufsstand: in der großen Pause mit Freiwilligen, Brötchen, Süßigkeiten, Getränke, Preise noch nicht sicher, in Klassen fragen, wer helfen würde, Hausmeister um Erlaubnis fragen
TOP 2: Schulwandertag: Vorschläge: Vergnügungsparks im Sommer und eislaufen oder Langlauf im Winter, Skier und Schuhe können ausgeliehen werden, in Klassen fragen, wohin erster Wandertag
TOP 3: Verschiedenes: gute Schüler geben freiwillig Nachhilfe nach der Schule: schwierige Sachen aus dem Unterricht üben; Rauchen für alle verboten (Sitzung im März); bei Interesse an Nachhilfe bei der 10 b melden

Seite 25

4 *So könntest du die Ergebnisse zusammengefasst haben:*
TOP 1: Verkaufsstand: In der großen Pause soll mit Freiwilligen ein Verkaufsstand organisiert werden. Die Preise sind noch nicht sicher. Der Hausmeister muss noch um Erlaubnis gefragt werden.
TOP 2: Schulwandertag: Es gibt neue Vorschläge für den Schulwandertag. Jeder soll in den Klassen fragen, wohin der erste Wandertag gehen soll.
TOP 3: Verschiedenes: Ayşegül organisiert ein Nachhilfeprogramm. Wer Interesse hat, kann sich bei der 10 b melden. Es wurde noch einmal festgestellt, dass das Rauchen auf dem Schulhof für alle verboten ist.

(noch zu Seite 25)

5 *Diese Angaben solltest du ergänzt haben:*
Anlass der Sitzung: 1. Sitzung nach den Ferien
Zeit: 23.09. 2003 nach der ersten großen Pause
Ort: Musikraum
Teilnehmer/innen: die Schulsprecher Christopher,
 Ayşegül und Roman, 12 Klassensprecher
Protokollführerin: Efra Kuru, 9 a

6 *So könnte dein vollständiges Ergebnisprotokoll aussehen:*
Anlass der Sitzung: 1. Sitzung nach den Ferien
Zeit: 23.09. 2003 nach der ersten großen Pause
Ort: Musikraum
Teilnehmer/innen: die Schulsprecher Christopher,
 Ayşegül und Roman, 12 Klassensprecher
Protokollführerin: Efra Kuru, 9 a

In den großen Pausen soll ein Verkaufsstand organisiert werden. Freiwillige sollen Brötchen, Süßigkeiten und Getränke verkaufen. Der Hausmeister muss noch um Erlaubnis gefragt werden. Es gab neue Vorschläge für die Schulwandertage. Jeder soll in den Klassen fragen, wohin der erste Wandertag gehen soll. Ayşegül will ein Nachhilfeprogramm organisieren. Wer Interesse hat, kann sich bei der 10 b melden. Es wurde noch einmal festgestellt, dass das Rauchen auf dem Schulhof für alle verboten ist.

Efra Kuru

Seite 26

1 Wann wurden die Akten gefunden?
 am 12. Mai 2003
Wo wurden sie gefunden?
 im Gebüsch, in der Nähe des Gerichtsgebäudes
Wer hat die Akten gefunden?
 die 15-jährige Schülerin Dana H.
Was geschah der Reihe nach?
 Akten durch Windstoß aus Fenster des Sitzungssaals
 165 geweht, Dana H. fand Akten, lieferte Akten
 bei Polizei ab, niemand hatte Fehlen der Akten
 bisher bemerkt.
Was war die Folge?
 so genannter „Dönertier-Prozess" kann dank
 Aufmerksamkeit von Dana H. weiter verhandelt werden

Seite 27

2 *Folgende Einzelheiten könntest du unterstrichen haben:*
 an Fabiana, Meryem, Kathrin und ..."
 ... Neugierig?
 Nee, ich doch nicht ..."
 Heißt Thorsten, ist erst 22 Jahre und ist schon POM ..."

3 a. + b.
So könnte deine Tabelle aussehen:

Das wird Danas Großmutter interessieren
Warum war Dana nicht in der Schule?
Ist Dana zu Fuß zum Gericht gegangen?
War die Situation für Dana gefährlich?
Weshalb ist Dana nicht gleich in die Anwaltskanzlei zurückgekehrt?
Wo isst Dana während des Praktikums zu Mittag?
Hat Dana während des Arbeitstages auch genügend Pausen?

Das wird Danas Großmutter weniger interessieren
Welche Haarfarbe hatte der POM Thorsten?
Worum dreht es sich im „Dönertier-Prozess"?
Was wollte Dana auf dem Parkplatz des Gerichtsgebäudes?
Waren da noch andere junge Polizisten?
Hat sie ihre Arbeit vernachlässigt?

4 *So könnte dein Brief lauten:*

18. Mai 2003

Liebe Großmutter,

wie du ja schon in der Zeitung gelesen hast, habe ich wichtige Akten gefunden. Sie lagen in einem Gebüsch in unmittelbarer Nähe des Gerichtsgebäudes. Ich bin nämlich zurzeit nicht in der Schule, sondern mache ein Praktikum in der Anwaltskanzlei Zank & Partner. Dabei muss ich öfter Gerichtspost zum Burgfeld bringen. Das mache ich zu Fuß und das dauert normalerweise gar nicht lange. Eigentlich hätte ich gleich zurückgemusst, aber ich bin noch einmal um das Gebäude herumgegangen, weil ich sonst nur eine kurze Pause habe. Plötzlich sah ich im Gebüsch unter den Fenstern etwas Weißes, Bedrucktes. Weil es wichtig aussah, habe ich die Akten sofort bei der Polizei in der Mengstraße abgeliefert. Die haben mir tausend Fragen gestellt und für mich im Büro angerufen. Das Ganze hat länger als zwei Stunden gedauert. Ein netter Polizist hat sich um mich gekümmert. Er heißt Thorsten, ist erst 22 Jahre und ist schon POM. Du musst dir übrigens keine Sorgen wegen mir machen. Ich war nicht in Gefahr. Alle sind nur froh, dass die Akten wieder da sind. Ich wünsche dir noch einen schönen Urlaub.

Liebe Grüße

deine Dana

Seite 28

2 a. + b.

13:15 Uhr	Aus dem Gerichtsgebäude gegangen
13:30 Uhr	auf Rückweg im Gebüsch Akten gefunden
13:40 Uhr	zur Polizeiwache gebracht
13:50 Uhr	junger POM stellt tausend Fragen zu den Akten länger als zwei Stunden
14:35 Uhr	Thorsten telefoniert mit Zank & Partner, weil ich mich verspäten werde
15:30 Uhr	Protokoll unterschrieben, dann durfte ich gehen
16:05 Uhr	Wieder bei Zank; Geschichte ausführlich erzählt. Zank sagt: „Bravo, Mädchen!"
17:00 Uhr	Feierabend! Abends die Geschichte noch dreimal erzählt (Eltern, Lehrer, Olga)

Seite 29

3 *So könnten deine Stichworte aussehen:*
im Praktikum, Gerichtspost von Zank & Partner weggebracht, auf Rückweg im Gebüsch Papiere bemerkt, sahen aus wie die Akten bei Zank & Partner, habe ich für wichtig gehalten, deshalb gleich zur Polizei gebracht, Polizist hat mich dafür gelobt, viele Fragen beantwortet, Polizist hat Zank & Partner informiert, nach fast zwei Stunden zurück, musste bei Zank & Partner alles erzählen, Herr Zank sagte: „Bravo, Mädchen!"

4 *So könnte deine Überschrift lauten:*
Wie ich einen Prozess gerettet habe

5 Wie ich einen Prozess gerettet habe
In meinem Praktikum in der Anwaltskanzlei Zank & Partner habe ich immer Karteikarten sortiert, Brötchen gekauft, Tassen abgewaschen und vor allem die Post erledigt. Dazu gehörte auch, dass ich die Gerichtspost zu Fuß ins Gericht (Am Burgfeld 7) bringen musste. Der Weg war nicht weit. Am 12. Mai war ich um 13:15 Uhr gerade auf dem Rückweg, als ich etwas Weißes, Bedrucktes im Gebüsch hinter dem Gerichtsgebäude bemerkte. Weil die Papiere aussahen wie die Akten bei Zank & Partner, dachte ich mir, dass sie wichtig sind. Deshalb habe ich die Papiere sofort zur Polizei in die Mengstraße gebracht.

(noch zu Seite 29, Aufgabe 5)

Dort war ich um 13:50 Uhr. Ein freundlicher Polizist hat mich danach befragt, wo und wie ich die Papiere genau gefunden habe. Er hat mich dafür gelobt, dass ich gleich gekommen bin. Damit sich bei Zank & Partner niemand Sorgen um mich macht, hat der Polizist dort angerufen. Das Ganze hat fast zwei Stunden gedauert. Um 16.05 Uhr war ich wieder in der Kanzlei und musste die ganze Geschichte Herrn Zank erzählen. Herr Zank sagte dazu: „Bravo, Mädchen!"

Seite 31

3 a.-c.

Fachwort oder Abkürzung	Erklärung
Kto.	Das Konto
Empfänger	Die Person, die das Geld bekommt
Kontoinhaber	Die Person, die das Geld überweist
Kreditinstitut	Eine Bank oder Sparkasse
Bankleitzahl (BLZ)	Die Nummer, unter der die Bank in Deutschland bekannt ist
EUR	Die verbreitete Währung in der Europäischen Union (EU), der Euro
Filiale	Eine der vielen Vertretungen der Bank

4 a.-c.
So sollte deine fertige Überweisung aussehen:

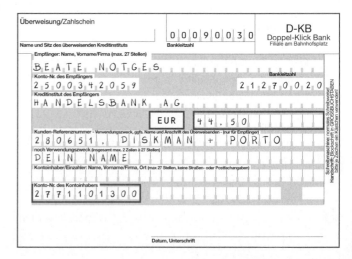

Seite 32

1 *Folgende Versendungsarten solltest du unterstrichen haben:*
Einschreiben; Rückschein; Eigenhändig; Einschreiben Einwurf

2

3 „Informationen zum Sendungsstatus" bedeutet, dass man erfahren kann, wo sich die Sendung auf dem Weg zum Empfänger gerade befindet.

4 *So könntest du den Einlieferungsbeleg ausgefüllt haben:*

Seite 33

2

TT	MM	JJ
10	07	03

Seite 34

3 der/die Ausbildende: eine Person, die jemanden ausbildet
die Ausbildungsordnung: Regelung der Rechte und Pflichten von Ausbildenden und Auszubildenden
das Berufsausbildungsverhältnis: die rechtliche Beziehung zwischen Auszubildenden und Ausbildenden
der Betriebssitz: die Adresse, unter welcher ein Betrieb gemeldet ist
die Ausbildungsmaßnahmen: alle Tätigkeiten, die der Ausbildung dienen
die Ausbildungsstätte: der Ort, an dem ausgebildet wird (Betrieb und Berufsschule)
die Vergütung: der Lohn (das Geld) für die geleistete Arbeit
brutto: die Vergütung, von der Steuern und Versicherungen noch abgezogen werden
der Werktag: die Tage, an denen gearbeitet wird (meistens Montag bis Freitag)
der Arbeitstag: jeder Tag, an dem gearbeitet wird (meistens 7,5 Stunden und 1,5 Stunden Pausen)
der Urlaubsanspruch: der vertraglich geregelte Jahresurlaub

Seite 35

4 Die Probezeit beträgt 3 Monate.
Am 01.08.04 beginnt das zweite Ausbildungsjahr.
Vom 11.–22. Oktober 2004 soll Johannes einen Lehrgang besuchen.
Er bekommt weniger Tage Urlaub, weil er jeweils nur ein halbes Jahr im Betrieb arbeitet.

Seite 36

1 b. *Folgende Stichworte könntest du notiert haben:*
Ausbildung zum Brief- und Paketzusteller/zur Brief- und Paketzustellerin
Niederlassungen der Post in Hessen und Nordrhein-Westfalen
Beginn am 01.09.2004, dauert zwei Jahre

2 *Folgende Stichworte könntest du notiert haben:*
praxisnahe, zweijährige Ausbildung, abwechslungsreiche Aufgaben
Transport und Auslieferung von Sendungen, Kassenführung und Abrechnung, Kundendienst

Seite 37

❸ *Angaben, die du blau markiert haben solltest:*
Fachkräfte für Brief und Frachtverkehr stellen Brief- und Frachtsendungen zu.
Sie bereiten die Zustellung von Sendungen an die Kunden vor und liefern sie an diese aus.
Nicht zugestellte Sendungen werden von ihnen gelagert oder nachgesandt.
Außerdem sorgen sie sich um die Weiterbeförderung von Brief- und Paketsendungen mit Zügen, Kraftfahrzeugen, Schiffen oder Flugzeugen.
Dabei sind Sie mit der Verteilung, Verladung, Übergabe und Übernahme der Briefe und Pakete beschäftigt.

Angaben, die du grün markiert haben solltest:
Sie nehmen auch Einzahlungen und Auszahlungen vor und führen die dazu notwendigen Abrechnungen durch.

Angaben, die du gelb markiert haben solltest:
Fachkräfte für Brief- und Frachtverkehr arbeiten im Bereich der Postunternehmen oder bei Kurier-, Express- und Paketdiensten. Dort sind sie an Postschaltern, in Brief- und Frachtzentren oder in den Zustellbezirken tätig. Je nach Einsatzbereichen sind sie in Postschalterräumen sowie im Freien (Außendienst) beschäftigt.

Angaben, die du lila markiert haben solltest:
Nach dem Abschluss der Ausbildung zur Fachkraft für Brief- und Frachtverkehr kann in einer zweiten Ausbildungsstufe nach einem Jahr der Abschluss Postverkehrskaufmann/-kauffrau erworben werden.

❹ b. *So könntest du die Voraussetzungen formuliert haben:*
Man muss den Hauptschulabschluss besitzen und gern praktisch und selbstständig arbeiten. Man soll ein gepflegtes Äußeres haben und körperlich fit sein. Außerdem soll man kundenfreundlich, teamfähig, engagiert und eigenverantwortlich sein.

❺ Ich soll meinen Wunsch-Ausbildungsort angeben.

❻ a. *Diese Bewerbungsunterlagen musst du einreichen:*
Bewerbungsschreiben, Kopien der letzten zwei Zeugnisse, Lebenslauf, Foto

Seite 38

❶ b. *Folgende Vermutung könntest du aufgeschrieben haben:*
In dem Gedicht geht es um einen Panther in einem Käfig im Zoo.

(noch zu Seite 38)

❷ *Folgende Stichworte könntest du notiert haben:*
gefangen im Käfig, Müdigkeit, Gang, Tanz, betäubt, Wille, Bild, Stille, Nichts

❸ Die Augen des Panthers — 2. Strophe
Der Blick des Panthers — 1. Strophe
Der Gang des Panthers — 3. Strophe

Seite 39

❹ a. + b.
Folgende Sätze und Überschriften könntest du formuliert haben:
Der Blick des Panthers
Der Panther hat immer das Gleiche vor Augen. Tausend Stäbe ziehen an ihm vorüber. Er ist müde geworden und sieht die Welt nicht mehr.
Der Gang des Panthers
Der Panther hat die Schritte eines wilden Raubtiers, aber er dreht sich im Kreis. Sein eigentliches Wesen ist betäubt.
Die Augen des Panthers
Seine Augen öffnen sich manchmal. Was er sieht, erreicht seine Gefühle nicht.

❺ b. Der weiche Gang geschmeidig starker Schritte,

❻ *Folgende Wörter solltest du unterstrichen haben:*
Stäbe, tausend Stäbe, tausend Stäbe

❼ *So könnte dein Satz lauten:*
Die Stäbe eines Käfigs bedeuten für ein Lebewesen Gefangenschaft.

❽ a. *Folgende Adjektive solltest du unterstrichen haben:*
weiche, geschmeidig, starker, allerkleinsten, betäubt, großer

b. *So solltest du die Adjektive zugeordnet haben:*
das gefangene Tier: allerkleinsten, betäubt
das wilde Tier: weiche, geschmeidig, starker, großer

❾ a.–b.
Folgende Verben solltest du aufgelistet und unterstrichen haben:
2. Strophe: <u>dreht</u>, <u>steht</u>
3. Strophe: <u>schiebt sich auf</u>, <u>geht hinein</u>, <u>geht durch</u>, <u>hört auf</u>

Verben der Bewegung: durchgezogene Linie: _____
Verben des Stillstands: gestrichelte Linie: _____

Seite 40

10 a. *Diese Reimpaare solltest du verbunden haben:*

1. Strophe: Stäbe – gäbe
hält – Welt

2. Strophe: Schritte – Mitte
dreht – steht

3. Strophe: Pupille – Stille
hinein – sein

b. Es handelt sich in Rilkes Gedicht um den Kreuzreim.

12 b. *Folgende Zahlen für die Silben musst du in den Kreisen eingetragen haben:*
In den Versen 1, 3, 5, 7, 9 und 11: ⑪
In den Versen 2, 4, 6, 8 und 10: ⑩
Im Vers 12: ⑧

c. *Diese Besonderheit solltest du aufgeschrieben haben:*
Der letzte Vers hat weniger Silben als alle anderen Verse.

13 *Ähnliche Stichworte könntest du notiert haben:*
ein Bild von der Welt, eine Taube außerhalb des Käfigs, als Bild der Freiheit, z. B., der Traum von einem Leben ohne Gitter

14 *Folgende Stichworte könntest du gefunden haben:*
auch für Menschen schlimm gefangen zu sein, kein freies Leben zu haben, keine anderen Menschen zu treffen, im Gefängnis kann man leicht die Hoffnung verlieren

Seite 41

 a.–c.
So könnte deine schriftliche Zusammenfassung aussehen:
Das Gedicht „Der Panther" wurde 1902 von Rainer Maria Rilke geschrieben. Es gibt eine Beobachtung Rilkes aus dem Jardin des Plantes in Paris wieder. Er hat dort zehn Stunden lang einen Panther im Käfig beobachtet. Die erste Strophe beschreibt den Blick des Panthers. Er sieht nichts anderes als Stäbe und sein Blick ist davon schon sehr müde. Für den Panther scheint es keine Welt mehr zu geben. In der zweiten Strophe geht es um den Gang des Panthers. Es ist der „weiche Gang geschmeidig starker Schritte" (Zeile 5) eines Wildtiers. Aber in dem „allerkleinsten Kreise" (Zeile 6) des Käfigs wirkt

(noch zu Seite 41, Aufgabe 1)

das kraftvolle wilde Tier in seinen Bewegungen betäubt. Der große Wille des Tiers hat hier keinen Platz.
In der dritten Strophe geht es um die Augen des Panthers. Er öffnet sie nur manchmal und die Bilder, die hineingehen, hören „auf zu sein" (Zeile 12). Das unterstreicht auch der letzte Vers, der früher aufhört, weil er zwei Silben weniger hat als die anderen. Ich finde, dass Rainer Maria Rilke den Eindruck des gefangenen Panthers sehr gut beschrieben hat.

Seite 42

1 a. + b.
inter**e**ssante, m**ü**ssen, G**u**sseisen, W**a**sserleitungen, Baugrubenentw**ä**sserung, zuverl**ä**ssig, m**u**ss, m**e**ssen, Grundw**a**sserspiegel, l**a**ssen, p**a**sst, m**u**ss, n**a**ss, Rohrschl**ü**ssel, w**i**ssen, Bodenm**a**ssen

2

Nomen	Verben	Ajektive
das Gusseisen	müssen	interessante
die Wasserleitungen	muss (2 x)	zuverlässig
die Baugruben-entwässerung	messen	nass
der Grundwasserspiegel	lassen	
der Rohrschlüssel	passt	
die Bodenmassen	wissen	

Seite 43

3 *Folgende Verben könntest du gebildet haben:*

Infinitiv	Präsens
befassen	er befasst sich
zulassen	sie lässt zu
anpassen	ich passe an
vermessen	er vermisst
zurücklassen	sie lassen zurück
anfassen	du fasst an
aufpassen	ich passe auf

(noch zu Seite 43)

4 a.–c.
Informationen über Rohrleitungen
Rohrleitungsbauer und Rohrleitungsbauerinnen lernen auch viel über die Haus- und Grundstücksentwässerung. Zum Beispiel Folgendes: Der Verlauf der Bodenrohrleitungen lässt sich aus der Grundrisszeichnung des Kellergeschosses ablesen. Eine Hauptleitung misst im Durchschnitt 150 mm. Nebenleitungen messen ca. 125 mm. Eine Rohrleitung muss möglichst gradlinig verlaufen. Mit den Anschlüssen an Straßenkanäle befasst sich ein von der Gemeinde zugelassenes Unternehmen.

Seite 44

1 b.–e.
So solltest du die Sätze aufgeschrieben und markiert haben:
Herr Kortas muss gleich das Auto , (das) noch im Hof steht, auf die Hebebühne fahren.
Dann schiebt Herr Kortas das Werkstatttor , (das) manchmal klemmt, ganz auf.

2 b.–e.
Herr Kortas möchte , (dass) Kenan die Zündung überprüft.
Kenan weiß , (dass) er bei Eingriffen in die Zündanlage die Zündung ausschalten muss.
Kenan hofft , (dass) er bei der Arbeit daran denkt.

Seite 45

3 a. + c.–d.
Telematik gegen den Stau
Experten warnen , dass sich die Anzahl der Autos noch weiter erhöhen wird. Sie erklären , dass auch der Schwerlastverkehr noch zunehmen wird. Jetzt wurde ein System entwickelt , das mit Hilfe von Satelliten den Autofahrern die Staus direkt meldet. Es handelt sich um das so genannte Telematiksystem , das in Amerika schon seit längerem getestet wurde. Telematik ist ein Wort , das sich aus den Wörtern Telekommunikation und Informatik zusammensetzt. Schon heute gibt es das intelligente Auto , das Unfälle meldet und Umleitungen nennt. Automobilclubs fordern schon seit längerem , dass alle Neuwagen mit einem solchen Gerät ausgestattet werden sollen. So erreicht man , dass Verkehrswege besser genutzt werden. Auch jedes Polizeiauto , das neu angeschafft wird, soll mit dem Telematiksystem ausgerüstet werden.

(noch zu Seite 45, Aufgabe 3)

LKWs und Telematik
Schon lange wird auch für LKWs ein Verkehrsleitsystem gefordert , das die Verkehrswege ideal nutzt. Experten hoffen , dass so LKWs mit einem geringeren Sicherheitsabstand hintereinanderfahren können. Ein Computerprogramm , das Tempo und Abstand steuert , wird gerade erprobt. Auch die Automobilclubs meinen , dass auf diese Art Unfälle aus Übermüdungsgründen vermieden werden können.

grün unterstrichene Verben: _____
blau unterstrichene Nomen: _____

Seite 46

1 *So hast du sicher die Lücken in dem Brief ausgefüllt:*

> Eisenreich Metallbau GmbH 18.10.03
> Personalabteilung
> Industriestr. 10
> 59494 Soest
>
> Martina Müller
> Bahnhofstr. 6
> 59494 Soest
>
> Ihre Bewerbung um einen Ausbildungsplatz
>
> Sehr geehrte Frau Müller,
>
> vielen Dank für Ihre Bewerbung. Wir laden Sie zu einem Vorstellungsgespräch ein. Bitte kommen Sie am 17.11.03 um 10.00 Uhr in unsere Personalabteilung. Unser Personalleiter wird Ihnen all Ihre Fragen beantworten können.
>
> Mit freundlichen Grüßen
>
> A. Friedrich
> (Personalabteilung)

2 Ich lade Sie und Ihre Begleitung zu unserem Betriebsausflug ein.
Falls Sie Bedenken gegen eine Lieferung haben, teilen Sie uns dies bitte unverzüglich mit.
Leider müssen wir Ihnen mitteilen, dass wir Ihrem Sohn keine weitere Beschäftigung anbieten können.
Wir können für Sie leider keine Ausnahme machen.
Es ist damit zu rechnen, dass wir Ihrer Tochter den Ausbildungsplatz geben können.
Auf Ihren Antrag hin gewähren wir eine einmalige Beihilfe.
Wir müssen Ihren Kindern das Betreten des Geländes aus Sicherheitsgründen verbieten.
Bitte haben Sie Verständnis für diese Maßnahme.

Seite 47

1 *Sicherlich hast du folgende neue Nomen in die Lücken geschrieben:*
Sie macht sich beim Telefonieren Notizen.
Jana hilft beim Beruhigen der Tiere.
Jana bekommt vom Einreiben weiße Hände
Jana lernt das Reinigen der Instrumente.
Abends hat Jana zum Fernsehen oft keine Lust mehr.

2 *So solltest du den Lückentext vervollständigt haben:*
Bei Wellensittichen übt sie das Schneiden des Schnabels.
Gerne hilft sie beim Wiegen von Katzenbabys.
Sie holt die Spritze zum Impfen der Hunde.
Auch das Reinigen des Behandlungstisches gehört zu ihrer Arbeit.
Sie lernt das Anlegen von Maulkörben.
Sie weiß jetzt, dass man zum Entfernen von Zecken eine Zange benutzt.

Seite 48

3 a. *Diese starken Wörter solltest du lila unterstrichen haben:*
beim, das, zum, zum, das, das, beim, vom, das, im

b. *Diese Verben, die zu Nomen geworden sind, solltest du blau unterstrichen haben:*
(das) Operieren, (das) Jaulen, (das) Trösten, (das) Rasieren, (das) Streicheln, (das) Reden, (das) Spritzen, (das) Sterilisieren, (das) Desinfizieren, (das) Anreichen

c. *So hast du den Text richtig abgeschrieben:*
Gestern durfte Jana beim Operieren der Tiere assistieren. Frühmorgens wurden die Tiere in die Klinik gebracht. Ein kleiner Hund jaulte besonders. Jana konnte das Jaulen kaum aushalten und nahm ihn zum Trösten auf den Arm. Sie brachte die Tiere zum Rasieren in ein Nebenzimmer.
Jana merkte, dass das Streicheln die Tiere beruhigte. Sie hörten auf zu zittern. Auch das Reden mit ihnen half bei der Vorbereitung. Dennoch mussten die Tiere beim Spritzen des Betäubungsmittels gut festgehalten werden. Dann wurden sie in den Operationsraum gebracht. Jana hatte schon in der Schule vom Sterilisieren des Operationsbestecks gehört.
Nun musste sie das Desinfizieren selbst durchführen. Nur im Anreichen der Instrumente war sie noch nicht so geübt. Aber der Tierarzt blieb geduldig.

Seite 49

4 a. + b.
Folgendermaßen könntest du den Lückentext vervollständigt und unterstrichen haben:
„Jana, wie war dein Praktikum in der Tierklinik?" „Ich habe viel Neues gelernt, und auch jeden Tag etwas Wichtiges, zum Beispiel über ansteckende Krankheiten bei Katzen. Ich habe allerlei Interessantes erfahren, aber ich musste auch viel Anstrengendes erledigen. Mit den Tieren habe ich viel Schönes erlebt, aber manchmal auch etwas Trauriges. Zum Glück ist in der ganzen Zeit nichts Schlimmes passiert. Die Mitarbeiterinnen und Mitarbeiter haben mir beim Abschied alles Gute gewünscht!"

5 *Folgende Wortgruppen könntest du gebildet haben:*
allerlei Lustiges, nichts Unangenehmes, viel Schönes, etwas Trauriges, wenig Negatives

Seite 50

1 *Sicherlich hast du folgende Zeitangaben unterstrichen:*
heute Morgen, samstags, sonntags, morgen Mittag, gestern Abend, morgen Abend, heute Mittag, nachmittags, abends

2 a. + b. *So könnte deine Tabelle aussehen:*

kleingeschrieben (mit s am Ende)	klein- und großgeschrieben
samstags	heute Morgen
sonntags	morgen Mittag
nachmittags	gestern Abend
abends	morgen Abend
mittwochs	heute Mittag
donnerstags	heute Vormittag
freitags	gestern Nachmittag

Seite 51

3 *Folgendermaßen sollest du die Lücken ergänzt haben:*
„Schrecklich, gestern Mittag musste ich direkt nach der Schule zum Zahnarzt! Und gestern Abend hatte ich auch noch Nachhilfe. Der Nachhilfelehrer kommt heute Abend noch mal. Und heute Morgen haben wir gleich um 8.00 Uhr einen Mathetest geschrieben. Nach der Schule, also heute Mittag, gehe ich zum Frisör. Und das nur, weil ich mit Britta morgen Nachmittag zum

(noch zu Seite 51, Aufgabe 3)

Eisessen verabredet bin. Zu dem Stress kommt noch der Sport: Ich war nämlich gestern Nachmittag zum ersten Mal beim Judo. Das war ganz schön anstrengend. Und morgen Abend ist unser großes Fußballspiel gegen die C-Jugend aus dem Nachbardorf. Wann soll ich eigentlich noch Hausaufgaben machen?"

Seite 52

❶

Adjektiv + machen	Adjektiv + halten	Adjektiv + bleiben	Adjektiv + werden
falsch machen richtig machen nervös machen	geheim halten gerade halten wach halten	treu bleiben sauber bleiben ruhig bleiben	aktiv werden gesund werden stark werden

❷ Morgen habe ich ein Vorstellungsgespräch. Natürlich bin ich ein bisschen aufgeregt.
Zum Glück kann ich die Firma bequem zu Fuß erreichen. Ich werde noch auf den Stadtplan schauen, damit ich nicht aus Versehen in eine falsche Straße einbiege. Vor allem muss ich pünktlich sein.

❸ Meine Praktikumsmappe muss Ende der Woche fertig sein. Ich werde darauf achten, dass alle notwendigen Anlagen beisammen sein werden. Bisher kann ich mit meiner Leistung zufrieden sein. Bald werden diese arbeitsreichen Tage ja endlich vorüber sein.

Seite 53

❶ angsterfüllt, berufstätig, freudestrahlend, hitzebeständig, jahrelang, messerscharf

❷ Die Abschlussprüfung wird am Dienstagmorgen stattfinden.
Ich hoffe, dass ich dem Prüfungsdruck standhalten kann.
Es würde mir leidtun, wenn ich meine Nervosität nicht abbauen könnte.
Ich werde an dieser Prüfung auf jeden Fall teilnehmen.

❹ Die Abschlussprüfung findet am Dienstagmorgen statt.
Ich halte dem Prüfungsdruck bestimmt stand.
Ich laufe zur Entspannung eis.
Es täte mir bestimmt leid, wenn ich meine Nervosität nicht rechtzeitig abbauen könnte.
Wie dem auch sei, ich nehme auf jeden Fall an der Prüfung teil.

❸ Es kann sein, dass nach einem Vorstellungsgespräch noch einige Fragen offenbleiben.
In meinem Praktikums wird hoffentlich nichts schiefgehen.
Ich habe es satt, dass du mich immer schlechtmachen willst.
Ich denke, dass ich mit meiner Vermutung richtigliege.

Seite 54

❶ *So sollte dein Text aussehen:*
„Morgens darf ich die neue Ware auspacken und schnell einräumen. Außerdem muss ich die Ware richtig auszeichnen. Auch wenn die Kundinnen unhöflich sind, muss ich freundlich bleiben. Ich soll die Kunden höflich fragen, ob ich ihnen helfen kann. Wenn sie sich nicht entscheiden können, kann ich sie geduldig beraten. Ich bin immer auf den Beinen. Höchstens in der Mittagspause kann ich ruhig sitzen. Manchmal staune ich darüber, was die Kunden alles wissen wollen. Ich glaube, dass manche Menschen nur einkaufen gehen, um unter Leuten zu sein."

❷ bausparen, bergsteigen, handhaben, kopfrechnen, langweilen, liebkosen, notlanden, schlussfolgern, sonnenbaden, vollbringen, vollenden

Seite 55

❶ das Essengehen, beim Faulsein, das Fußballspielen, das Radfahren, das Tanzenüben, das Schnellfahren, das Schlittschuhlaufen

(noch zu Seite 55)

2 *So hast du wahrscheinlich die Lücken ergänzt:*
Als Pia am nächsten Morgen aufwachte, war sie nicht ausgeschlafen. „Nach solch einer kurzen Nacht wäre das Faulsein die beste Lösung!", dachte sie. Aber sie musste aufstehen, um für das nächste Casting zu üben. Kurz darauf steckte ihr Bruder den Kopf zur Tür herein. „Treffen wir uns gleich zum Fußballspielen? Oder sollen wir lieber eine Fahrradtour machen? Dir macht doch das Radfahren immer Spaß", sagte er. „Am liebsten würde ich schlafen", antwortete Pia. „Doch vom Faulsein werde ich nicht berühmt." Nachdem sie zwei Stunden lang in ihrem Zimmer immer wieder die gleichen Schritte und Refrains wiederholt hatte, seufzte sie: „Ich habe vom Tanzenüben jetzt schon Muskelkater!"

Seite 60

3 Regel 1 wird im Text besonders geübt.

4 abends, gestern Abend, heute Morgen, gestern Vormittag, mittags, gestern Abend, heute Mittag, Donnerstagmorgen

5 b. bloß, weiß, vergaß, schließlich

Seite 61

6 Regel 2 wird im Text besonders geübt.

7 die Brieffreundschaft, die Begeisterung, das Hindernis, die Zuverlässigkeit, die Regelmäßigkeit, die Freundlichkeit, die Entscheidung, die Leidenschaft, die Lösung, die Zufriedenheit

8 Regel 3 wird im Text besonders geübt.

9 a.-c.
Diese Wörter mit langem i ohne e solltest du im Text grün markiert haben:
Druckmaschine, Termin, gibt, erwiderte, Widerstand, widerwillig, termingerechte, Margarine

Diese Wörter mit ie solltest du im Text gelb markiert haben:
Auslieferung, die, sie, vielleicht, die Lieferung, die, Anlieferung, zufrieden

Seite 62

2 *So solltest du die Abkürzungen mit den Wörtern verbunden haben:*

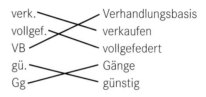

3 *So solltest du die Lücken in dem Anzeigentext ausgefüllt haben:*
Neuwertiges Mountainbike von Giant, 21 Gänge, vollgefedert, kleine Lackschäden, günstig zu verkaufen, 200 Euro Verhandlungsbasis. Telefonnummer 35667.

Seite 63

4 *So könnte deine Kleinanzeige lauten:*
Gut erh. Surfbrett zu verk., für Anf., 2 m lang, 4 J. alt, mit 2 Segeln u. Mast, inkl. Fahrradanhänger, Preis: VB ca. 100 €.

Seite 64

1 b. Folgende Fachwörter solltest du aufgeschrieben haben:
das Fundament, der Sperrstoff, der Anstrich, die Beschichtung, die Abdichtung, das Bitumen, die Kunststofffolie, die Schweißbahn, der Steinkohlenteer, das Erdpech, das Kohlenwasserstoffgemisch, das Schiefergestein, die Destillation, das Flachdach

2 b. *So könntest du die Fachwörter in Stichworten erläutert haben:*
das Fundament: Grundlage eines Hauses
der Sperrstoff: schützt vor Feuchtigkeit, meist als Anstrich oder Beschichtung

Seite 65

3 b.
Destillation: das Trennen eines Flüssigkeitsgemischs durch Verdampfen und anschließendes Abkühlen
Mineralien: anorganische Bestandteile der Erdrinde

5
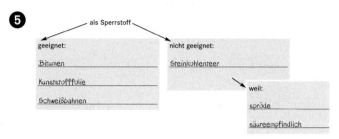

Seite 66

6 a.
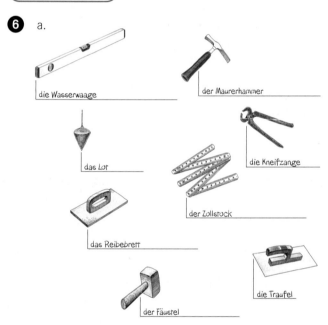

7 das Bitumen,
die Kunststofffolie,
die Schweißbahn

Seite 67

9 das Zementgemisch = der Zement + ge + misch(en)
der Sperrstoff = sperr(en) + der Stoff
der Baukörper = der Bau + der Körper
die Kunststofffolie = die Kunst + der Stoff + die Folie
der Steinkohlenteer = der Stein + die Kohlen + der Teer
das Kohlenwasserstoffgemisch =
 die Kohle(n) + das Wasser + der Stoff + ge + misch(en)
das Erdöl = die Erd(e) + das Öl
der Turmdrehkran = der Turm + dreh(en) + der Kran
die Verstrebung = ver + streb(en) + ung

10 a. Bei „Bitumen" wird das „i" kurz gesprochen und das „u" lang und betont gesprochen.
Bei „Destillation" werden die ersten zwei Vokale kurz gesprochen, das zweite „i" wird wie „j" gesprochen und das „o" wird lang und betont gesprochen.

Seite 68

1
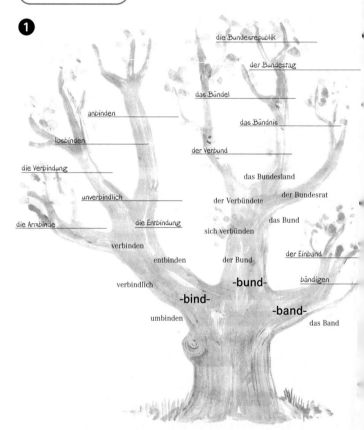

Seite 69

2 *So solltest du den Lückentext vervollständigt haben:*
Was hat ein Bundesland wie etwa Sachsen oder das Saarland mit einem Bund Möhren zu tun? Und was haben die beiden mit der Entbindung, also der Geburt eines Babys, zu tun? Gibt es etwas Gemeinsames, was alle Wörter der Wortfamilie verbindet? Ja, es gibt eine solche Verbindung. Sie wird deutlich, wenn man jedes Wort einzeln betrachtet: Ein Bündel Stroh zum Beispiel wird durch ein Band zusammengehalten, genau wie das Bund Möhren. Bei der Entbindung des Babys wird das Band zur Mutter getrennt: die Nabelschnur.
In Bezug auf die Bundesrepublik bedeutet die Verbindung: 16 Länder bilden ein Bündnis auf Dauer, den Bund. Die Länderregierungen schicken ihre Vertreter in das Parlament der Länder, den Bundesrat.
Es gibt also viel Gemeinsames, was die Wörter einer Familie verbindet. Wenn du diese Wortfamilie kennst, hast du eine gute Rechtschreibhilfe. Alle Wörter werden mit **d** geschrieben.

3 a. + b.
So müsste deine Tabelle aussehen:

-wort-	-lauf-	-recht-
das Wort	vorläufig	aufrecht
wörtlich	der Anlauf	rechtfertigen
die Verantwortung	der Auflauf	gerecht
befürworten	einlaufen	rechtschaffen
wortgewandt	verlaufen	berichtigen
wortlos	der Wettlauf	aufrichtig
das Fremdwort	der Laufschritt	der Richter

Seite 70

1 *Folgende Passivformen solltest du rot unterstrichen haben:*
wurde ertappt, wurde bemerkt, wurde festgenommen, wird belohnt

2 a. + b.
So solltest du ganze Sätze aus den Schlagzeilen gemacht und die Passivformen unterstrichen haben:
Eine Taschendiebin wurde überführt.
Ein Jäger wurde im Wald erschossen.
Eine Heiratsschwindlerin wurde „k.o." geschlagen.
Ein Polizist wurde als Dieb enttarnt.
Ein Musikstar wurde beim Ladendiebstahl ertappt.

Seite 71

1 *Folgende „Täter" und Verbformen im Aktiv solltest du unterstrichen haben:*
Täter knackte, Täter zerstörte, Mitarbeiter entdeckte, Daten veränderten, Mitarbeiter schaltete, Beamten begannen, Sie verdächtigten, FBI-Beamten zogen, Experten verfolgten, Beamte fuhren, Beamte verhafteten, Presse spricht, US-Regierung hüllt, US-Regierung bestätigte

2 b. *So könnten deine Passivsätze lauten:*
Wahrscheinlich per Zufall wurde der Computercode des amerikanischen Verteidigungsministeriums geknackt. Das Computersystem des Ministeriums wurde dabei nicht zerstört. Der Zugriff wurde entdeckt, als sich Daten im Computernetz aus unerklärlichen Gründen veränderten. Das FBI wurde eingeschaltet. Auf der Stelle wurde mit den Ermittlungen begonnen. Eine Schülerin wurde der Tat verdächtigt. Sicherheitsexperten wurden zu Rate gezogen. Der Weg der Eingriffe wurde verfolgt. Die Schülerin wurde verhaftet.

Seite 72

1 a. Hennings Freund Ingo sagt: „Ich wüsste, was ich täte: sofort zusagen! Du hättest keine Bewerbungen mehr zu schreiben und alles wäre klar. Später könntest du immer noch absagen." Hennings Freundin Julia sagt: „Ich bräuchte mehr Bedenkzeit für solch eine wichtige Entscheidung. Dein Lieblingsberuf wäre das ja gerade nicht. Müsstest du als Heizungsinstallateur nicht völlig andere Dinge lernen?"

b.–d.

Verb (Infinitiv)	Präteritum	Konjunktiv II
wissen	ich wusste	ich wüsste
tun	ich tat	ich täte
haben	du hattest	du hättest
sein	es war	es wäre
können	du konntest	du könntest
brauchen	ich brauchte	ich bräuchte
sein	es war	es wäre
müssen	du musstest	du müsstest

Seite 73

2 a. Wenn ich solch ein Angebot bekäme, gäbe es für mich gar keinen Zweifel!
Mir ginge das zu schnell. Ich bräuchte noch Zeit, um mich ein bisschen besser zu informieren.
Ich ließe mir erst noch ein paar Informationen zu dem Beruf zuschicken.

b. *So solltest du die Tabelle von Seite 72 ergänzt haben:*

Verb (Infinitiv)	Präteritum	Konjunktiv II
bekommen	ich bekam	ich bekäme
geben	es gab	es gäbe
gehen	es ging	es ginge
brauchen	ich brauchte	ich bräuchte
lassen	ich ließ	ich ließe

3 *So solltest du die Lücken ausgefüllt haben:*
Dein Chef kann sicher verstehen, dass du noch Bedenkzeit brauchst. Bitte ihn doch darum. Du könntest ihm gleichzeitig sagen, dass dir die Arbeit bei ihm Spaß gemacht hat. Du müsstest dann gleich morgen in einigen Betrieben anfragen, ob du dort eine Chance hättest. Wenn nicht, könntest du in deinem Praktikumsbetrieb vielleicht immer noch zusagen. Außerdem wäre zu bedenken, dass du nach der Lehre als Heizungsinstallateur bessere Chancen hättest, später Industriekaufmann zu werden. Deine praktischen Erfahrungen würden dir dann wahrscheinlich helfen.

4 *Einen der folgenden Ratschläge könntest du formuliert haben:*
Du könntest dich im Internet über den Beruf informieren.
Du könntest zur Berufsberatung gehen.
Du müsstest mit jemandem sprechen, der Heizungsinstallateur ist.
Du könntest dich mit deinen Eltern beraten.

Seite 74

 2 *So könnte dein überarbeiteter Text aussehen:*
Zuerst wäre ich sicher sehr froh. Ich müsste nämlich auf der Insel nicht in die Schule gehen. Stattdessen könnte ich den ganzen Tag schlafen. Außerdem würde ich mir die Feigen vom Baum gleich in den Mund fallen lassen. Doch in der ersten Nacht bekäme ich bestimmt Angst.

(noch zu Seite 74, Aufgabe 2)

Da würde es auch nicht helfen, wenn ich mir einen Unterschlupf baute. Wer weiß, ob nicht wilde Tiere über die Insel laufen! Was würde ich tun, wenn mein Handy dann nicht funktionierte? Es wäre grausam, für immer allein auf der Insel bleiben zu müssen. Dann hätte ich niemanden, mit dem ich herumalbern oder streiten könnte!

Seite 76

1 a. + b.
Obwohl es der Vater ablehnt, setzt sich Billy durch.
Obgleich er Angst hat, ist Billy erfolgreich.
Obwohl das Schulgeld teuer ist, lernt Billy tanzen.

2 a. + b.
Weil er besonders begabt ist, lernt Billy sehr schnell.
Da er große Freude am Tanzen hat, überwindet er alle Widerstände.
Weil er Durchhaltevermögen hat, gibt er auch bei Rückschlägen nicht auf.

Seite 77

3 a. <u>Nachdem sich Billy an einer berühmten Ballettschule angemeldet hat</u>, wird er zur Aufnahmeprüfung in London eingeladen. Der Vater ist dagegen. <u>Nachdem er es sich jedoch reiflich überlegt hat</u>, fährt er als Zuschauer mit zur Aufnahmeprüfung. Es kommt zum zweifachen Happy End: <u>Nachdem Billy die Prüfung bestanden hat</u>, wird er an der Ballettschule angenommen. <u>Nachdem Billy so erfolgreich ist</u>, versöhnt sich sein Vater mit ihm.

b. + c.
Folgendermaßen könnte dein überarbeiteter Text aussehen:
Nach der Anmeldung an einer berühmten Ballettschule wird Billy zur Aufnahmeprüfung in London eingeladen. Der Vater ist dagegen. Nach reiflicher Überlegung fährt er jedoch als Zuschauer mit zur Aufnahmeprüfung. Es kommt zum zweifachen Happy End: Nachdem Billy die Prüfung bestanden hat, wird er an der Ballettschule angenommen. Nach Billys Erfolg versöhnt sich sein Vater mit ihm.

(noch zu Seite 77)

4 a. + b.
So könnte die veränderte Inhaltsangabe mit den unterstrichenen Nebensätzen lauten:
<u>Obwohl ihre Mutter es heftig ablehnt</u>, spielt Jesminder in ihrer Freizeit Fußball. Trotz verletzender Bemerkungen ihrer Klassenkameradinnen gibt sie nicht auf. <u>Nachdem ihre Eltern ihr Spielverbot erteilt haben</u>, spielt sie heimlich weiter. Jesminder wird wegen ihres Könnens für einen Fußballklub angeworben. <u>Weil sie gute Erfolge hat</u>, wird sie auch für Punktspiele eingesetzt. Trotz anfänglicher Missverständnisse freundet sie sich später mit ihrem Trainer an. Schließlich wird sie sogar als Profi-Spielerin angeworben.

Seite 78

1 *Folgende Stichworte hast du wahrscheinlich aufgeschrieben:*
Schlagzeilen, Fotos, Schlagworte, Sensationen und Skandale

2 a.–d.
Boulevard ist die französische Bezeichnung für eine (Straße), die von vielen Fußgängern benutzt wurde. Dort konnte man (Zeitungen) kaufen, die es nicht zu abonnieren gab. Früher waren es (Straßenverkäufer), die die Zeitungen auf der Straße laut anpriesen. Kennzeichen der Boulevardpresse sind zum Beispiel:
- riesige (Schlagzeilen), die manchmal eine halbe Seite einnehmen und schon von weitem zu lesen sind,
- großformatige (Fotos), die Gefühle ansprechen,
- (Schlagworte), die Meinungen beeinflussen sollen, und
- (Berichte), die nicht immer ganz wahr sind.
- Boulevardzeitungen sind (Zeitungen), die hauptsächlich über Sensationen und Skandale berichten.

Boulevardzeitungen gibt es überall auf der Welt. Ein Beispiel für eine (Boulevardzeitung), die wir in Deutschland gut kennen, ist die Bild-Zeitung.

3
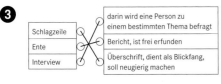

Seite 79

4 a.–e.
So solltest du die Erklärungen aufgeschrieben und markier haben:

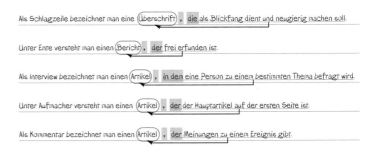

Als Schlagzeile bezeichnet man eine (Überschrift), die als Blickfang dient und neugierig machen soll.
Unter Ente versteht man einen (Bericht), der frei erfunden ist.
Als Interview bezeichnet man einen (Artikel), in dem eine Person zu einem bestimmten Thema befragt wird.
Unter Aufmacher versteht man einen (Artikel), der der Hauptartikel auf der ersten Seite ist.
Als Kommentar bezeichnet man einen (Artikel), der Meinungen zu einem Ereignis gibt.

5 *So könnte dein überarbeiteter Text aussehen:*
Die BISS-Zeitung stellt sich ihren Lesern gern dar als „der große Bruder", dessen Hilfe absolut verlässlich ist. So startet BISS oft Aktionen, bei denen sie als Helfer in der Not auftritt. Ein Beispiel dafür ist die Aktion „BISS kämpft für Opa Meyer". Auf solche Aktionen folgen dann viele Leserbriefe, auf die BISS eine Antwort gibt. Kurzum: Die BISS-Zeitung präsentiert sich gern als hilfsbereite Zeitung, auf die sich der „kleine Mann auf der Straße" verlassen kann. Sie missbraucht ihre Macht allerdings auch manchmal durch einzelne Berichte, deren Inhalte einseitig sind. Sie macht Angst oder ruft sogar zu Protesten auf. Meinungen, die sich die Leser eigentlich selbst bilden sollen, werden dann vorgegeben.

Seite 80

1 a.–c.
eine Nachricht, <u>die hochaktuell ist</u> =
   eine <u>hochaktuelle</u> Nachricht
ein Bericht, <u>der wahrheitsgetreu ist</u> =
   ein <u>wahrheitsgetreuer</u> Bericht
eine Reportage, <u>die langweilig ist</u> =
   eine <u>langweilige</u> Reportage

2 a. Mit dem Ausdruck „Renner" wird ein Zeitungsbericht bezeichnet, <u>der besonders interessant ist</u>.
„Objektiv" werden Berichte genannt, <u>die sachlich und unvoreingenommen sind</u>.
„Parteiisch" nennt man eine Zeitung, <u>die einseitig ist</u>.

(noch zu Seite 80, Aufgabe 2)

b. + c.
Ein besonders interessanter Zeitungsbericht wird mit dem Ausdruck „Renner" bezeichnet.
Sachliche und unvoreingenommene Berichte werden „objektiv" genannt.
Eine einseitige Zeitung nennt man „parteiisch".

 a.-c.
eine überparteiliche Zeitung =
    eine Zeitung , die überparteilich ist.
eine verdeckte Einflussnahme =
    eine Einflussnahme , die verdeckt geschieht.
ein einseitiger Bericht =
    ein Bericht , der einseitig ist.

Seite 81

Es ist bekannt, dass insbesondere vor Wahlen, die entscheidend sind, manchmal Berichte, die einseitig sind, gedruckt werden.
Hauptsatz   Nebensatz 1 (1.Teil)   Nebensatz 2 (Relativsatz)   Nebensatz 1 (2. Teil)   Nebensatz 3 (Relativsatz)   Nebensatz 1 (3. Teil)

5 a.-c.
So sollten deine restlichen Satzschemata aussehen:

Eine Zeitung will die Regierung unterstützen.
Hauptsatz

Sie beschreibt deren Mitglieder als Politiker, die besonders fähig sind.
Hauptsatz   Nebensatz (Relativsatz)

Eine andere Zeitung steht dagegen der Opposition nahe.
Hauptsatz

Sie spricht von einer Regierung, die katastrophal ist.
Hauptsatz   Nebensatz (Relativsatz)

Zum Glück gibt es allerdings bei uns eine Presse, die frei ist.
Hauptsatz   Nebensatz (Relativsatz)

Obwohl manche Zeitungen parteiisch sind, gibt es doch überall auch eine Zeitung, die sachlicher ist.
Nebensatz 1   Hauptsatz   Nebensatz 2 (Relativsatz)

Ein Leser, der interessiert ist, verschafft sich dadurch ein Bild, das umfassend ist.
Hauptsatz (1.Teil) Nebensatz 1 (Relativsatz) Hauptsatz (2. Teil)   Nebensatz 2 (Relativsatz)

6 c. *So sollte dein überarbeiteter Text aussehen:*
Es ist bekannt, dass insbesondere vor entscheidenden
Wahlen manchmal einseitige Berichte gedruckt werden.
Eine Zeitung will die Regierung unterstützen.
Sie beschreibt deren Mitglieder als besonders fähige
Politiker. Eine andere Zeitung steht dagegen
der Opposition nahe. Sie spricht von einer katastrophalen
Regierung. Zum Glück gibt es allerdings bei uns eine freie
Presse. Obwohl manche Zeitungen parteiisch sind, gibt
es doch überall auch eine sachlichere Zeitung.
Ein interessierter Leser verschafft sich dadurch
ein umfassendes Bild.